변화의 희망으로, 껑충!

2022. 1
김진아.

김진애 상식의 힘

김진애 상식의 힘

긍정의 기운으로 세상을 바꾼다

김진애 지음

한길사

상식의 힘으로 세상을 바라보고

긍정의 기운으로 세상을 바꿔보자!

-

모든 분들께

김진애너지를 드리고 싶다.

미션은 끝나지 않는다

흔들어대는 상황에서 어떻게 균형을 잡을 것인가? 거친 세상에서 어떻게 평정심을 잃지 않을 것인가? 분노는 어디에서 비롯되며 어떻게 다스릴 것인가? 얽히고설킨 문제를 어떻게 풀어낼 것인가? 모욕과 굴욕 속에서 어떻게 자존감을 지킬 것인가? 무지와 억지가 지배할 때 어떻게 멘탈을 지킬 것인가? 좌절과 굴복 아래서 어떻게 다시 일어설 수 있는가? 반동의 거센 공격에 맞서 어떻게 전진할 수 있는가? 세속의 비열하고 잔인한 위협 속에서 어떻게 영혼을 지킬 것인가?

그래도 한 발 더 내딛고 싶다. 팀플레이를 하고 싶다. 물들고 싶지 않다. 긍정하고 싶다. 변화에 대한 희망을 잃지 않고 싶다. 에너지를 채우고 싶다. 힘찬 응원을 보내고 싶다. 이런 바람으로 이 책을 쓴다.

실사구시자의 상식

나는 어쩔 수 없는 실사구시자다. 타고난 실사구시자인지는 잘 모르겠으나 훈련된 실사구시자인 것만은 분명하다. 공부의 영향이 가장 크겠지만 현장과 현실의 제약 속에서 언제나 무엇을 해내려 애써온 삶의 이력 때문에 그런 듯하다. 그리고 나는 되도록 많은 사람들이 훈련된 실사구시자이기를 바란다.

실사구시자의 특징은 무엇일까? 실사구시(實事求是), 즉 '현실 속에서 바로잡음을 추구한다'는 의미로 나는 해석한다. 통상 '사실을 바탕으로 옳음을 추구한다'는 뜻이지만 그보다 구체적 행위를 강조하는 '바로잡음'이 훨씬 더 합당할 것이다.

'실사구시'라는 말은 대중적인 용어임에도 불구하고 일상에서 그리 자주 쓰이진 않는다. '실용'(實用)과 통하지만 이 말이 지나치게 경제적 이익과 생산성이나 수익성 관점에 치우쳐서 쓰이는 현상이 탐탁찮고, '현실주의'라는 말과도 통하지만 이 말이 자칫 원칙 없는 타협을 시사한다는 점에서 마땅찮다. 실사구시는 말 그대로 실사구시다. 현실의 문제, 현장의 문제를 해소할 뿐 아니라 그 원인까지도 바로잡으려 한다는 점에서 본질적이고 원론적인 의미보다는 훨씬 더 정책적이고 정치적인 의미를 담는다. 실사를 통해 구시하고 구시하는 태도로 실사한다는 점에서 합리적·혁신적·개혁적 의미를 담고 있고, 일시적인 타협책이 아니라 근본적인 변화를 끈질기게 추구한다는 큰 뜻을 내포

한다.

최근 인상적이었던 영화 「자산어보」를 내 방식으로 해석해보자면, '실사구시자로 다시 태어나는 사람, 실사구시의 야심을 제 삶에서 추구해보려는 사람, 어떤 상황에서도 실사구시의 다양한 방식을 세상에 전파하려는 세 사람의 이야기'라고 본다. 정약전·창대·정약용 세 인물이 실사구시에 대한 생각을 자신의 방법으로 실현하려 애쓰는 이야기가 무척 설득력 있게 다가온다.

정약전은 풀릴 기약 없는 유배형을 받고 흑산도에 혈혈단신 묶여 살다가 거친 바다의 삶에 눈뜨고 실제적인 탐구 대상으로서 바다의 생명체들에 관심을 두게 된다. 자신의 주변에서 마주치는 사물에 호기심을 갖는 것은 마음의 눈을 뜬다는 의미다. 책 공부나 간접 지식으로 배우는 게 아니라 실재하는 존재의 의미와 행태, 형태와 구조를 직접 탐구할 때 정약전은 얼마나 새로운 희열을 느꼈을까? 그 배움을 책으로 남기는 미션을 세우면서 얼마나 보람을 느꼈을까?

영화 속 인물이자 실제 인물이었던 어부 창대의 삶 역시 충분히 이해할 수 있었다. 양반의 서자로 태어났으나 버려진 어미와 흑산도에 사는 그는 어부로서 바다의 삶을 속속들이 꿰뚫고 있다. 그러다가 운명처럼 만난 약전의 존재로 인해 학구욕에 불타고 이상을 꿈꾸게 된다. 자신의 눈에 보이고 손에 잡히는 이상으로 더 큰 세계를 추구하는 것은 사회적 인간으로서의 근본적 욕구 아니던가? '출세'(出世)란 사회적 지위가 올라간다는 뜻만이 아니라 자신의 뜻을 세우고 그 뜻을 세상에 알리고 소통하며 인정받고 세상을 바꾸고 싶어 하는 자연스러운 욕구다. 인간 세상을 향해 나아가고 싶다는 바람이 바로 창대라는 인물 안에서 일어났던 실사구시의 정신이었다.

개혁 군주 정조의 곁에서 한때 사회 변혁을 성취해봤던 다산 정약용은 정조 이후 뒤바뀐 권력 체제에서 내쳐졌지만, 유배지에서도 꾸준히 후학들과 '실사구시의 지적 향연'을 이어가면서 변화에 대한 희망을 꿈꾸고 세상과의 소통을 포기하지 않으며 수많은 책을 써낸다. 실사구시자의 모범이 아닐 수 없다. 그는 어디에 있든 자신의 미션을 찾아냈던 것이다. 다산이 외딴 섬이 아니라 지인과 후학들과 교류할 수 있는 강진에 유배되어 얼마나 다행인가? 아카데미로 이루어진 아르카디아를 형성하여 수많은 저작을 생산해낼 수 있었으니, 우리 후손들이 감사할 일이다.

실사구시자의 미션

실사구시자가 누릴 수 있는 가장 좋은 점이라면 그에게 주어지는 미션이 끝이 없다는 것이다. 왜냐하면 인간 세상에는 언제나 문제와 갈등이 존재하고, 세상은 끊임없이 변화하고, 좋은 변화와 나쁜 변화가 공존하며, 그 어떤 좋은 변화라 하더라도 부작용이 생기게 마련이며, 그에 따라 또 다른 변화를 도모하는 노력이 필요하기 때문이다. 인간 사회에는 수많은 이들의 다른 생각과 다양한 욕망이 엉켜 있고, 이들 사이에서 어떤 균형을 잡으려는 노력이 필요하다. 실사구시자는 이런 복잡한 현실 속에서 끊임없이 상식을 바로 세우려 하고, 그 상식을 세상과 공유하면서 바로잡으려 한다. 그러니 어떻게 미션이 끝나겠는가?

나 역시 실사구시의 상식을 세우고 싶고 그 상식을 세상과 공유하고 싶다. 현실을 포용하며 변화를 멈추지 않으려 한다. 인간 사회의 엉켜 있는 욕망을 인정하되 그 엉킴이 걷잡을 수 없는 파괴의 나락으로 떨어지지 않게 하고 싶다. 포용은 나의 태도이고, 균형은 나의 지향이며, 실천 가능한 방식을 모색하는 것은 나의 성향이다. 지금의 시대정신을 읽으려 노력하고, 그 시대정신을 과거와 미래의 맥락 속에 잘 포진시키려 노력한다.

실사구시자로서 나는 영원불변한 진리가 있다고 생각지 않는다. 진리를 구하는 노력 자체만으로 세상을 꼭 구할 수 있는 것도 아니다. 다만 상식을 바로 세우려는 실사구시가 계속 필요할 뿐이다. 『상대적이며 절대적인 지식의 백과사전』(베르나르 베르베르 지음)의 표현을 빌리자면, 우리에게는 상대적이고도 절대적인 상식이 필요하다. 포용적이고 균형적이며 공감 가능하고 실천 가능한 상식을 모색하는 태도다. 고착화하거나 관습에 얽매이지 않고 시대의 흐름에 맞게 변화하면서도 공감할 수 있는 보편적 상식의 힘을 추구하는 것이다.

실사구시자의 태도

실사구시의 태도는 '우리 삶의 이슈가 바로 공적 이슈이고, 공적 이슈가 바로 우리 삶의 이슈가 된다'는 것이다. 따라서 실사구시는 삶의 이치와 정치의 이치에 모두 통한다. 어느 시대에나 그랬지만, 지금의 이 시대라서 더욱 그렇다. 이 시대는 심층적으로 구조적 변화를 거치고 있고, 그 구조적 변화는 다만 경제 부문뿐 아니라 정치·외교·사회·문화·기술·예술·산업·일자리·주택·복지·교육·의료·소비 등 우리 삶 곳곳에 영향을 미치고 있다. 시민들의 의식도 한층 높아져서 자신들이 부딪치는 삶의 이슈를 생생하게 공적 이슈로 다루어달라고 적극 요구한다. 훨씬 더 복잡해진 사회, 그야말로 복잡계라 부를 만한 지금 현실에서 실사구시한다는 것은 어렵지만 그렇기에 더더욱 필요한 태도다.

2022년을 시작하는 지금 어떤 실사구시가 왜 필요한가? 어떤 시대정신을 끌어안고 실사구시의 과제를 설정해야 하는가? 어떤 실사에서 그 과제들이 나오며, 어떤 구시 입장에서 그 과제들을 다뤄야 하는가? 이 책에서 다룰 주제들이다.

이 책의 구성

이 책은 세 개의 부로 구성된다. 제1부에서는 제21대 국회에서 숨 가쁘게 일했던 지난 일 년과, 현실 정치권과 일정하게 거리를 두어왔던 지난 십여 년 동안 내가 실사구시자의 태도를 어떻게 유지해왔으며 어떻게 미션을 설정하고 선택해왔는지에 대한 이야기를 다뤘다. 우리는 언제 어디서나 '결단'이라는 시험 앞에 선다. 어떻게 '그물에 잡히지 않는 바람'이 될 수 있을까?

제2부에서는 이 시대가 풀어야 할 실사구시 과제를 여섯 가지로 정리해본다. 새로운 정치 리더십이 등장하는 시점에서 우리 시대의 과제를 어떻게 실사하고 어떤 방향성을 가지고 구시하느냐의 문제는 무척 중요하다. 제대로 실사해야 제대로 구시할 수 있다. 하나의 시민·국민으로서 이 고민을 같이하며 상식을 바로 세우고 싶다. 내가 설정한 이 시대의 실사구시 이슈는 양극화, 공정, ㅂ자 돌림병, 신계급사회, 부동산 생태계, 갈등과 혐오다.

제3부에서는 새 시대의 리더십이 추구해야 할 근본적 가치에 대해서 한번 들여다보고자 한다. 당장 맞닥뜨린 현실 과제를 해결하는 이상으로 선진국에 들어선 우리 사회가 추구해야 할 미래지향적 가치에 대해 성찰해본다. 지금 뿌리를 튼튼히 해야 미래까지 튼튼해지기 때문이다. 실사구시 리더십의 근본적 역할에 대한 기대다. 내가 설정한 일곱 가지 가치는, 리더가 아닌 리더십의 가치, 노동의 가치를 더해주는 놀이의 가치, '늘공'(늘 공무원)과 '늘정'(늘 정치인)에서 벗어난 책임 있는 행정의 가치, 사회 돌봄의 가치, 포스트 코로나 시대 도시의 가치, 이미 선진국이 된 우리 사회에서 시빅 리더십의 가치, 기술혁명이 사회 변혁을 주도하는 시대에서 뉴테크 리더십의 가치다.

무거운 짐을 가볍게 지는 자세

이 책이 다루는 주제가 진지하고 무겁더라도 나는 최대한 '쾌'(快)하게 쓰고자 한다. 긍정적 기운으로, 경쾌하고 명랑하게, 희망을 담으면서 말이다. 지나치게 이론적이거나 추상적이지 않게 쓰려 노력할 것이다. 이것이 진짜 실사구시자의 캐릭터일 것 같다. 부정적인 태도로는 세상을 바꿀 수 없다. 힘든 현실 가운데 조금이나마 앞으로 나아가고자 하는 게 실사구시의 태도다. 긍정의 기운이 없으면 나아갈 수 없다. 무거운 짐을 가볍게 지는 자세가 필요하다.

'나의 삶의 이야기, 우리 삶의 이야기'로 독자들이 느낄 수 있으면 최고다. 이 책이 다루는 이슈들이 우리 각자의 삶에 얼마나 깊이 녹아있는 이슈인가를 공감해주면 좋겠다. 삶의 이슈를 공적 이슈로 만들고 공적 이슈가 삶의 이슈를 포용하게 만드는 것이 정치의 역할이라 기대하면 좋겠다. '절대 안 바뀌어, 바꿀 수가 없어, 바뀔 리가 없어!' 지레 가지게 되는 이런 패배주의를 이겨내고 싶다. "정치인들 다 똑같지 뭐, 기득권 아니야? 자기 이익이 먼저겠지?" 이런 정치 혐오감을 조금이라도 털어내고 싶다. 현실 정치권과 현실 정치인들에게 이런 면이 적잖은 것은 분명하지만, 현실 정치에서 눈을 돌리면 피해를 보는 것은 결국 시민들이다. 그 진흙탕 속에서 연꽃을 피우려는 사람들이 있고, 애쓰고 애쓰다 못 피우고 스러지기도 하지만, 애쓰는 자체를 주목하고 격려해주는 주체는 시민들이다.

정치, 변화에 대한 희망

우리 사회는 또 한 걸음 내딛을 준비가 되어 있다. 아무리 갈등이 심하고 아무리 변화에 저항하는 기득권 카르텔 세력이 극성을 부리고 아무리 갈등과 혐오를 부추기는 세력이 있다 하더라도 우리 사회의 건강성은 도도한 흐름을 이루고 있다. 코로나 위기로 더 큰 위기를 맞았지만 그 위기를 헤쳐 나오면서 우리 사회의 역량에 대한 자부심이 커지고 세계의 칭송을 들으며 선진국으로 올라섰다.

정치는 중요하다. 정치가 중요하다. 현실 정치가 사회 발전을 주도하기까지는 못하더라도, 따라갈 수는 있어야 한다. 현실 정치를 정상적으로 만드는 일은 근본적인 과제다. 현실 정치란 돌탑을 쌓는 데 작은 돌 하나를 얹어 놓는 작업이다. 그 작은 돌이 탑을 완성하는 데 작은 역할이나마 하면 된다. 현실 정치권에서 활동하는 정치인들은 쓸데없이 과잉된 자의식을 버리고 대승적이고 절제된 정치 활동에 대해 고민하고 끈기 있게 행동해야 한다. 시민들은 그런 모습을 알아볼 것이다.

정치는 근본적으로 변화에 대한 희망이며, 분노는 사회를 변화시키는 힘이라 믿는다. 정치는 우리 삶 곳곳에 있다. 우리 삶의 이슈가 바로 공적 이슈가 되고, 공적 이슈가 바로 우리 삶의 이슈가 되는 시대다. 희망으로 분노하고 분노의 힘으로 변화를 만들 수 있음을 믿는다. 개인의 분노 이상으로 '더 큰 우리를 위한 따뜻한 분노'를 통해 이 시대 실사구시자들이 상식의 힘을 모을 수 있으리라 믿는다.

상식의 힘으로 세상을 바라보고, 긍정의 기운으로 세상을 바꿔보자.

2022년 1월

김진애

2 이 시대가 풀어내야 할 이슈들

3 우리가 추구해야 할 미래 가치들

1
실사구시자 김진애의 미션

그물에 걸리지 않는 바람처럼,

그 시간 그 자리에서

어떤 결단을

어떤 내려놓음을

어떤 역할을

어떤 미션을 수행할 것인가?

당신의 인생 내내 다가올 질문이다.

그 시간 그 자리에서 어떤 역할을?

많은 사람들이 어떤 자리를 추구하지만 그 자리에서 어떤 일을 할지, 또 어떤 역할을 할지에 대해서 준비되어 있는지 또는 준비하고 있는지 의문이다. '자리가 사람을 만든다'라는 설에 은근히 기대는 건지도 모른다. '그 자리에 앉으면 나도 할 수 있어! 어차피 일은 내가 하는 게 아니라 조직이 하는 거고 조직은 굴러가게 돼 있으니까!' 이런 게으른 태도가 연줄 찾기와 자리 나눠먹기를 하게 만든다. 이 자리 다음에 저 자리, 이 경력 다음에 저 경력 하는 식으로 출세의 징검다리로 여기는 세태도 그래서 생긴다. 경계해야 할 태도다.

준비를 열심히 한다고 또는 준비되어 있다고 해서 그 자리가 오는 것도 아니다. '준비된'이란 말을 가장 적확하게 쓸 수 있는 인물이라면 '준비된 대통령, 김대중' 아니었을까? DJ는 그 자리에 갈 때까지 수많은 도전과 실패, 시련과 고난을 겪었다. 어떤 역경의 상황에서도 세상에 대한 통찰과 국민의 삶에 대한 연민과 나라의 미래에 대한 고민으로 큰 그림을 계속 그리고 있었다. 포기하지 않는 그 과정 자체가 준비였던 것이다.

게다가 세상은 준비된 사람에게 언제나 기회를 주는 것도 아니다. 개인으로야 속상하고 억울할 수 있지만 그게 인간 사회의 이치다. '운칠기삼'(運七技三)이든 '실력이 99%, 운이 1%'이든 간에 기회는 올 수도 있고 안 올 수도 있다. 이런 예측 불허성이 모든 인간을 열심히 살게 만드는지라 이것도 나쁘지 않다.

그러니 운이 작용했든 운명이 작용했든, 어쩌다 그 자리에 가면 그 시간 속에서 어떤 역할을 할지는 평소 얼마나 준비하고 있었느냐에 달려 있다. 그런가 하면 그 자리가 꼭 오지 않더라도 자신의 또 다른 역할을 찾아내려는 노력 역시 필요하다. 원하는 자리가 꼭 아니더라도 인생에는 수많은 역할들이 있게 마련이다. 원하는 게 어떤 자리가 아니라 어떤 역할이라면, 어떤 상황에서도 그 역할을 찾아낼 수 있을 것이다. 그것이 실사구시자의 끝나지 않는 미션이다.

나는 지난 10여 년 동안 어떻게 미션을 찾아왔을까?

1 내 안의 칼

'어쩌다 법사위 위원'으로서

2020년 5월 30일 출범한 제21대 국회에서 나는 '어쩌다 법사위 위원'으로 활동을 시작했다. 내 인생에서 상상조차 하지 못했던 포지션이었다.

나의 전문 분야라면 도시·주택·건축이고, 당장 부동산과 주택 정책 이슈가 뜨거우므로 상임위 1순위로 국토교통위원회를 지망했다. 지역사업과 예산을 당겨올 수 있어서 이른바 '젖과 꿀이 흐르는 위원회'라고 하지만 전문가로서 나는 전혀 그렇게 생각하지 않는다. 지역구 의원들이 민원 해결해주고 예산 끌어오면서 여야 의원들이 적당히 나눠먹는 위원회로 전락시키지 않으려면 좀 더 개혁적 성향의 의원들이 국토위원회에 포진해서 혁신을 추동해야 한다는 생각이다. 우리 사회를 좀먹는 'ㅂ자 돌림병'(부정·부패·부실·비리·비위·불의·부당이익)에 취약한 분야의 개혁이 절대적으로 필요하기 때문이다.

2순위로는 기획재정위원회를 지망했다. 실제 주택·부동산 정책의 칼자루를 쥐고 있는 부처는 기획재정부다. 부동산 관리는 '조세·금융·주택 정책의 삼각편대'가 잘 맞아떨어져야 하는데, 기재부가 도시와 부동산에 대한 개념도 없이 좌지우지하고 때로는 기득권 편에서 칼자루를 쥐고 흔드는 행태를 평소 무척 못마땅하게 여겼다. 이번에 배정이 안 된다면 국회 하반기에는 꼭 기재위에 가서 관료주의와 기득권 지키기에 집착하는 기재부를 개혁하고 조세 개혁에 힘을 실으려 했다.

3순위로는 과학기술정보방송통신위원회를 지망했다. 언론의 가장 중요한 축이 되고 있는 방송 미디어 분야의 개혁과 발전이라는 두 마리 토끼를 잡아야 하는 과제가 절실하거니와, 나는 이공계 출신으로서 R&D와 신기술 활용에 대한 이해도가 높은 편이니 미래를 열어갈 뉴테크의 지평을 넓히는 데 한 역할을 할 수 있으리라 생각했다.

이외에도 문화체육관광위원회, 산업통상자원중소벤처기업위원회, 행정안전위원회, 환경노동위원회 등이 내 관심 이슈와 가깝고, 보건복지위원회, 교육위원회, 농림축산식품해양수산위원회에서도 할 역할이 있고, 외교통일위원회나 정무위원회는 당연히 할 수 있고, 심지어 국방위원회도 할 수 있다고 생각했다. 하지만 법제사법위원회는 내 머릿속에 떠오른 적이 한 번도 없다.

말 그대로 '어쩌다 법사위 위원'이다. 여러 사정 때문에 생긴 상황이다. 비교섭단체 의원의 상임위 배정 권한은 국회의장이 갖고 있는데, 열린민주당 의원 셋의 전문성으로 보면 최강욱-법사위, 강민정-교육위, 김진애-국토위 배정이 자연스럽다. 그런데 정치적 주목도가 높은 최강욱 의원이 총선 직전에 당시 윤석열 검찰총장의 결정으로 업무방해죄로 기소되었다. 재판 중에 있는 의원을 법사위에 지명하는 부담이 있고 비슷한 상황에 있는 다른 의원들 여럿이 법사위를 지망하고 있어서 박병석 국회의장이 난감해했다. 하지만 추후에 상임위를 바꾸는 사보임(국회상임위원회나 특별위원회 위원의 사임과 보임을 묶어 이르는 말) 가능성이 있으니 나름의 심모원려 제안을 했던 것으로 추정된다. 국토위 자리를 이미 확보한 나의 결단이 필요했다. 최강욱 의원이 조만간 법사위에서 검찰개혁과 사법개혁 과제를 본격 추진할 수 있도록 나는 대승적인 차원에서 제안을 받아들였다.

솔직히 무척 긴장되었다. 상상조차 하지 못했던 법사위 위원이라니, 내 인생에서 이게 무슨 상황이란 말인가? 그나마 다행스러운 것은 내가 우리 사회의 법조계 그리고 법사위에 대해서 평소 강한 비판의식과 분노를 가지고 있었다는 점이다. 어떤 비판, 어떤 분노일까?

비판 지점 1. 나는 법조인들이 지나치게 우리 사회를 좌지우지하는 걸 큰 문제로 본다. 솔까말(솔직히 까놓고 말하자면), 창조적이지도 생산적이지도 못한 사람들이 권력 운용에 가깝다는 이유로 왜 우리 사회를 쥐락펴락하는지 거부감이 든다. 우리 사회의 뿌리 깊은 사농공상 가치관, 성리학과 유학 전통에서 비롯된 원론주의, 오랜 독재와 권위주의 시대에서 비롯된 오염된 권력의 잔재, 그리고 여전히 덮을 것 많고 파헤칠 것 많은 우리 사회의 'ㅂ자 돌림병' 등의 이유를 들 수 있을 것이다. 끊어내야 할, 반복되는 악순환이다.

비판 지점 2. 게다가 권력 지향적인 검사·판사들이 벌이는 기득권 카르텔이 개혁에 맞서며 마지막 기승을 부리고 있다. 박근혜 정부에서 벌어진 국정농단에 이어 사법농단, 그리고 국민 대다수가 필요성을 인정하는데도 속도를 내지 못하고 있는 검찰개혁 등, 온 세상을 시끄럽게 만든 사건들은 다 저질러놓고 그 문제를 풀겠다고 또 법조인들이 나선다. 21대 국회의원 다섯 중 한 명 꼴로 법조계 출신이라는 사실이 너무 부조리하지 않은가? 그중에서도 검사 출신들이 많은 건 왜일까? 원외 인사들까지 합하면 훨씬 더 많은데 정치권에 이렇게 법조인들, 특히 검사 출신들이 많은 게 바람직한 현상일까? "그러니 21대 국회에서 검찰개혁을 끝장냅시다!"라고 나는 첫 법사위 회의에서 일갈했다.

비판 지점 3. 평소에 법사위가 상원처럼 행세하는 것을 너무 못마땅하게 여겨왔다. 각 상임위에서 통과된 모든 법안은 법사위를 통과해야 본회의에 상정될 수 있다. 관련법들과의 정합성, 법 용어의 적합성을 살피는 체계·자구 심사라는 명목인데, 법사위는 이 심의를 핑계로 자구 수정뿐 아니라 법안 내용까지 고

치거나 아예 심사를 미루며 깔아뭉개는 등의 횡포를 부려왔다. 21대 국회에서 더불어민주당은 이 자구 심사 기능을 법사위에서 빼내 신속하게 처리할 수 있는 다른 심의 기구를 만들겠다는 계획을 세웠으나, 국민의힘 반대로 결국 추진하지 못했다. 법사위 위원장을 왜 야당이 맡아야 한다고 난리를 부리는지 알 만하지 않은가? 법안 심사의 병목을 만들고 그걸 계제로 다른 협상을 얻어내려는 속셈이 작용하기 때문이다.

평소에 이런 비판의식이 있었기 때문에 나는 법사위에 미션을 가지고 임할 수 있었다. 사실 보통 국민이라면 정도만 다르지 모두 나와 비슷한 분노와 문제의식을 갖고 있을 것이다. 법조계와 법사위만 의식하지 못하거나 아예 무시하려 드는 것인지도 모른다. 왜? 그들의 엘리트 의식, 특권적 위상, 그리고 기득권 유지 욕망 때문이다. 누리고 있는 자들에게는 잘 안 보이는 것이 바로 기득권과 특권이다.

법사위에서 직접 목격하니 훨씬 더 큰 분노가 치밀어 올랐다. 국민의힘 의원들은 끊임없이 상원 짓을 하려 들고 갑질 행태를 벌이고 법안 심사를 미루거나 법안소위(법안심사소위원회)에 참여하지 않고, 오직 추미애 법무장관 공격과 윤석열 검찰총장 편들기, 문재인 정부 흠집 내기에만 골몰했다. 꼬투리 잡을 만한 작은 사안 하나만 생겨도 현안 질의하자고 우기고, 상식적이고 내용 면에서 정상적으로 상임위가 계속되면 막말을 하거나 감정싸움을 부추겨 상임위를 정지시키고 회의장 밖에서 억지 논리로 언론 브리핑을 한다. 파행은 법사위의 일상이다. 나는 18대 국회에서 4대강 사업 논쟁으로 가장 뜨거웠던 국토위에서 상임위 활동을 했는데 그때도 회의 회피나 파행이 꽤 많았지만 법사위만큼은 아니었다. 이명박 정부가 강행한 4대강 사업에 대한 야당의 과학적이고 상식적인 문제 제기에 대해서 비과학과 몰상식으로 파행을 일으켰던 쪽은 주로 당시 여당이었던 자유한국당이다.

언론은 은근히 정쟁과 감정싸움과 파행을 반긴다. 정책 논쟁은 별 재미가 없다고 여기고 기사 조회수 올릴 수 있는 우당탕탕 활극 장면을 반기기 때문일까? 아니면 기자 수준 또는 데스크의 편향성에 들어맞기 때문일까? 이른바 '국개'(저질 국회의원에 대한 멸칭) 성향의 의원들과 '기레기'(저질 기자들에 대한 멸칭) 성향이 짙은 일부 언론과의 합작품일까? 정치 혐오를 부추겨서 국민들의 정치 참여 욕구를 억제하여 자기네들 입맛대로 정치권을 요리하겠다는 의도 때문일까? 그 속이 훤히 들여다보인다.

"법사위를 한마디로 평가한다면?" 이런 질문을 많이 받곤 했는데, "한마디로 극혐"이라고 답하곤 했다. 사실 법사위는 그리 주목 받는 상임위가 아니었다. 별로 재미도 없거니와 절차적 통과의례라는 이미지가 컸고 국회의원들이 선호하는 위원회도 아니었다. 이런 인식이 바뀐 것은 20대 국회부터다. 국회선진화법 도입으로 국회의장의 직권상정이 제한되면서 법사위 통과가 중요해지니 주목을 받게 되었고, 박근혜 정부의 국정농단과 탄핵의 과정 그리고 윤석열 검찰총장의 인사청문회와 조국 법무부장관 내정자 일가에 대한 무차별한 압수수색과 기소가 이어지면서 가장 뜨거운 전쟁터가 되어버렸다. 21대 국회에서 의석수가 대폭 줄어든 제1야당 국민의힘은 온통 문재인 정부와 조국·추미애 전 법무장관을 흠집 내는 작전에 몰두했는데, 그 화력이 법사위에 온통 집중되어서 혐오스러울 정도의 억지와 무지가 난무하게 된 것이다.

*

"조심해라, 털릴라!"

법사위 위원으로 활동하던 중에 내가 주변에서 가장 많이 들었던 말이다. 독재 시대도 아니고 중정이나 안기부가 존재하는 시대도 아닌데 우리 사회가 어쩌다 이렇게 됐을까? 검찰이 그렇게 무서운가? 검찰을 무서워해야만 하는가?

물론 무서운 것은 엄청 많다. 검찰이 정치인들을 길들이고 위협할 수 있는 법이나 사안들은 여러 가지다. 공직선거법과 정치자금법뿐 아니라 '김영란법'에 의한 뇌물과 이해충돌 등은 물론이고 언제 어떤 과거 일까지 꺼내들지 모르고 가족과 친지들과 동료들까지 들추어낼지 모른다. 고무줄 기준이라 비판받는 선거

관리위원회는 그나마 사전 체크라도 할 수 있어서 낫지만, 검찰은 사전 서비스를 해주는 것도 아니고 언제 쟁여둔 캐비닛 파일을 꺼낼지 모르거니와 갖은 고소 고발을 지렛대 삼을지 모를 일이다.

게다가 더더욱 무서운 언론이 기다리고 있다. 법정의 재판보다 더 공포스러운 여론 재판을 조장하면서 쏟아내는 기사들, 악의성과 선정성이 적나라한 기사들을 보면 얼마나 두려워질 것인가? 이른바 온갖 종류의 마녀사냥을 부추기는 데가 특정 목적을 가진 언론들이다. 종교재판소와 같은 데가 검찰이고, 화형터의 군중 심리를 부추기는 데 앞장서는 게 일부 언론이다. 검사와 언론사들 외에도 어떤 판결을 내릴지 모를 편향적이거나 예측 불가능한 판사들이 있고, 온갖 고소 고발을 해내는 적대 성당과 유사 시민단체들도 있다. 이들 사이에 어떤 연결고리가 있는지는 2021년 말 '고발 사주' 건으로 그 내막이 드러났다.

내가 걸릴 게 없으니 거침없이 용감하다고 지인들은 얘기한다. 현업에서 떠난 지 한참 됐고, 딸만 둘이니 병역 문제로 걸릴 게 없고, 재산은 나름 모았지만 평생 일해온 부부가 모은 것 치고는 그럭저럭 수준이다. 그렇다고 걸릴 게 없을까? 어림도 없다. 나 역시 자녀의 표창장이 문제가 될지도 모른다. 또 조카와 손주들과 사돈의 팔촌까지 뒤지고 친우와 동료들까지 뒤지겠다고 나서서 검찰이 백여 군데 압수수색하면 어떻게 될까? 거기에 더해 언론들이 들고일어나 나팔을 불어대면 한 사람을 매도하는 것은 일도 아닌 세상이 되어버렸다. 이게 무슨 사악한 상황인가? '아니다, 아니다, 이건 아니다!' 왜 우리 사회의 보통 시민이 마치 간첩 조작 사건처럼 언제 어디서 걸릴지 모른다는 두려움으로 겁을 먹어야 하는가? 왜 국회의원이라 해서 어딘가 걸릴 게 있을 테고 그래서 침묵한다는 의심을 받아야 하는가? 모든 시민들이 검찰·판사·언론의 기득권 카르텔 눈치를 봐야 한다는 말인가? 국회는 이런 악행의 연쇄 고리를 끊는 데 어떤 역할을 해야 하는가? 미션의 강도가 세졌다.

상상도 못 했던 법사위 활동이라는 내 인생 '의외의' 시간에서 많은 깨달음을 얻었다. 분노를 다스리며 평정심을 유지하기가 힘들었지 의제 다루기는 예상보다 힘들지 않았다. 다른 민생 관련 상임위에서는 의제 설정 자체에 힘을 쏟아야 하고, 자료 준비도 만만찮고, 내용이 복잡하거나 대중적이지 않아서 알기 쉽게 전달해야 하는 숙제가 있고, 정책 자체가 주목 받는 경우가 많지 않아서 기자들의 관심을 붙잡아두기 어렵다는 어려움이 있다. 반면 법사위에서 다루는 이슈들은 이미 대중화되어 있어서 기자들도 상당히 학습되어 있거니와, 시민들이 상식으로 판단할 수 있는 의제들이라 관심도 크고, 무의미한 말싸움이 벌어질수록 흥미를 유발하는 선정적인 기사가 되어 조회수가 올라간다.

법사위에서 시간을 보낼수록 나는 이렇게 이슈화가 쉬운 상임위에 있다가는 자칫 게을러지겠다는 생각마저 들었다. 실제 법사위 위원들 중에는 게으른 이들이 많다. 법조인 출신이건 아니건 자극적인 언사로 혀끝으로 싸움만 하려 드는 성향의 위원들이 꽤 되고 그런 걸 기사화해주는 언론이 있으니 더 기세등등하게 억지를 부리고 막말을 쏟아내는 것이다. 우리 사는 세상에 부정적 기운을 퍼뜨리고 인간관계를 황폐하게 만드는 행태다. 참 한탄스럽다.

*

인생에서 어쩌다 찾아온 시간은 번득 깨달음을 주기도 한다. 예기치 못하게 때로는 피치 못한 역할을 하면서 자신도 몰랐던 재능을 발견하거나, 때로는 분노하고 때로는 용기와 열정이 솟아오르는 계기가 되기도 한다. 게다가 의식하고 있지 못했던 자신의 속내를 새삼 발견하기도 한다. 법사위 활동에서 나는 '내 안의 칼'을 보게 되었고 수십 년 전 겪었던 '칼 에피소드'가 떠올랐다.

고3 때 당시로는 파격적으로 건축과를 지망하겠다고 하자 온 집안 사람이 나서서 나를 뜯어말리다시피 했다. 하루는 엄마가 점을 보고 왔단다. 극심하게 반대한 아버지가 은근히 권했을지도 모른다. 점괘인즉, '내 사주에 칼이 들어 있다. 그러니 의대에 가서 외과의사를 하든지, 법대에 가서 법관이 되라!'고 하더란다. 나는 콧방귀도 안 뀌었다. 건축과를 지망하겠다는 내 의지를 꺾으려는 의도가 빤했기 때문이다. 의사는 내 성정에 맞지 않다고 판단해 일찍이 엑스 표를 다섯 개쯤 쳤었고, 법정 드라마를 보면서 나름 로망도 키웠으나 그 당시 우리 나라에 배심원 제도가 없다는 걸 알고 법대를 머릿속에서 지워버린 지 오래였다. 법사위 활동을 하면서 수십 년간 잊고 있던 이 에피소드가 생각났다. '그렇구나. 내 안에 칼이 있구나!'

국감에서 절정에 달했다. 특히 윤석열 검찰총장이 안하무인으로 국감장에서조차 절제하지 않는 언행을 직접 보았고, 목적을 위해서라면 무도한 칼을 서슴없이 휘두르는 검찰의 본색을 보았다. 하나같이 제 식구를 감싸며 은폐하고 덮어주는 검찰과 법원의 행태를 보면 볼수록 내 안의 칼이 솟아오르고 벼려지는 느낌이었다. 검찰청·법원행정처·법제처·감사원·법원·군사법원 감사 준비를 하면서 매일매일 분노가 차올랐다. 아니, 이 사람들은 어쩌면 이렇게 비합리적이며 이렇게 특권적 마인드에 사로잡혀 있을까? 어쩌면 이렇게 자신이 특권을 누리고 있다는 사실 자체를 의식하지 못할까? 어쩌면 이렇게 법조인이 세상을 재단할 수 있다는 굳은 믿음에 사로잡혀 있을까? 어쩌면 이렇게 기득권 카르텔이 굳어져 있을까?

김훈의 소설 『칼의 노래』에서 묘사되는 칼은 여러 의미를 지닌다. 적을 베는 칼의 기능 자체는 작은 부분일 뿐이다. 그보다는 의지를 키우는 칼, 소신을 지키는 칼, 분노를 버리는 칼, 연과 줄을 끊어버리는 칼, 미련과 비겁함을 끊어버리는 칼, 스스로를 향하는 비판의 칼의 의미가 더욱 크다. 누구나 마음속에 칼을 품고 있을 것이다. 그 칼을 어떻게 쓰느냐가 중요할 뿐이다. 내 안의 칼을 다스리는 것은 온전히 나 자신의 일이다.

첫 국감이 끝나고 바로 사보임을 추진했으나 2020년 12월 초가 되어서야 비로소 사보임을 할 수 있었다. 코로나 확진자 접촉으로 내가 자가격리를 하게 되었는데 타이밍 상 안성맞춤이었다. 국회의장실은 사보임을 정기국회 끝나고 검토하자 했지만 이쯤되면 거부할 수 없는 상황이었다. 당시 공수처법 개정안 심의를 앞둔 시점에서 법사위 안건조정위에 열린민주당이 야당 몫으로 참여할 수 있었기 때문에 여당의 협조로 추진이 가능했다. 최강욱 의원과 나는 드디어 제자리를 찾게 되었다.

'어쩌다 법사위 위원'의 역할은 끝났지만 여전히 내 안에는 '깨어난 칼'이 있다. 그 칼은 내가 의식하지 못했을 뿐 언제나 거기에 있었을 것이다. 깨어난 칼이 언제 어떻게 얼마나 큰 힘을 발휘할지 모른다. 칼은 칼집 속에 있을 때 가장 큰 힘이 있는 법이니 말이다.

2 상식의 힘

김진애어컨, 비상식을 비상식이라 말할 수 있는 상식

법사위 활동을 하면서 나는 '김진애어컨'이라는 별명을 새로 얻었다. 왜 사람들이 내 발언과 질의를 그리 시원하게 여기는지 나는 참 불가사의하게 생각했다. 내가 무슨 특별한 말을 하는 것 같지도 않은데 왜 '에어컨'이라 할까?

내 발언들이 회자되고 유튜브에서 짤이 돌아다니고, 주변에서 '유튜브 보는 재미로 산다, 오늘은 무슨 말을 할지 너무 기대된다. 내가 침묵하고 있으면 긴장감이 더 오른다. 그러다가 내가 손을 들면 숨죽이게 된다' 등의 이야기들을 들었다. 시민들·기자들·평론가들 그리고 다른 의원들에게도 물었다. 왜 시원해하느냐고?

"상식으로 하는 발언들이 너무 신선하다. 법조인 출신 의원들은 어떤 발언을 할지 대략 예측이 되는데 내 발언은 예상을 벗어난다. 듣다 보면 왜 내가 저 생각을 그동안 못 했는지 이상할 정도다. 그동안 왜 이상하게 생각하지 못했을까? 갑갑한 법사위에

한 줄기 바람이 부는 것 같다. 팽팽하게 맞서던 긴장의 줄을 탁 풀어버리고 국면 전환하는 데 탁월하다. 게임 체인저다. 신스틸러다. 제압하는 힘이 강렬하다. 정곡을 찌르면서도 불쾌하게 만드는 게 아니라 웃게 만든다. 근엄한 정부 쪽 인사들도, 뒤에 앉아 있는 야당 보좌관들도 웃음을 못 참는다. 심지어 국민의힘 의원들도 웃음을 짓더라.”

상임위 현장에서 솔직히 나는 발언에 집중하느라 반응을 살필 여유조차 없었다. 집중과 몰입은 내 특장이고, 해야 하는 말은 손 들고 꼭 하는 게 내 체질이다. 잘 모르니까 더 손 들고 잘 얘기할 수 있지 않나? 격의 없이 지내는 김상희 부의장이 나에게 한마디 툭 던졌다. “잘 모르면 주눅 드는 게 정상이지. 하여튼 특이해.” 글쎄다. 주눅 들지 않고 손 들어야 한다는 게 내 상식적 믿음이다.

몇 가지 예를 들어보자. “검찰청은 왜 국회 보고 안 합니까?” 개원하고 법무부·감사원·법원행정처 등 관련 부서에서 보고를 받는데 검찰은 완전히 빠져 있다. 국회는 국민을 대표하는 기관인데 검찰청은 국민에게 보고하지 않는 치외법권 부서인가? 검찰청이 법무부 산하기관이라서 장관이 대신한다고? 그럼 행안부 산하 경찰청은 왜 보고하나? 검찰총장은 국무위원도 아니고 정부 위원도 아니라서 국회에 업무를 보고하지 않는다고? 검찰총장은 그럼 도대체 정체가 뭔가? 기구 이름은 검찰 ‘청’인데, 대표직 이름이 왜 검찰 '총'장인가?

검찰이 국회에 직접 업무를 보고해야 검찰의 사회 감수성이 높아지고 국민 눈높이를 깨달으며 권력 행사에 신중해질 수 있다. 검찰은 오직 일 년에 한 번 국감에만 나온다. 대검에 하루, 서울 등 각 권역의 지방검찰청에 하루씩 배당될 뿐이다. 그러니까 그 하루만 어떻게든 모면하려 들 뿐, 그 외에는 검찰청의 높은 성벽 안에서 똬리를 틀고 자기들만의 이너서클을 만들려 한다. 그 증좌 중 하나가 검찰에는 비공개 내부 규정이 너무 많다(2020년 당시 83개)는 사실이다. 부처 중에서 가장 많고, 안보와 방위를 책임지는 국방부보다 무려 세 배나 많다. 그 비공개 규정 뒤에 숨어서 수사와 기소를 제멋대로 하면서 검찰의 자기 식구를 보호하고, 덮어줄 건 덮어주고 뒤질 건 뒤지며 세상을 단죄하려 드는 것이다. 그중에서도 비리 사건을 담당하는 '특수통'이 제일 문제다. 파헤치기보다 덮어주기가 횡행하고 전관예우·후관예우의 카르텔을 공고하게 만드는 이유다. 이런 병폐를 고치지 않으면 검찰이 국민을 위한 기구로 거듭나기란 불가능하다.

"판사가 뭐기에 비위 판사도 10년 임기를 보장해줍니까?" 법원행정처에 대한 질문이었다. 국정원이나 검찰이 저지른 온갖 농단들보다 더 충격적이었던 사건이 박근혜 정부에서 일어난 사법농단이다. 아니 어떻게 그 자존심 높은 대법원 판사들이 청와대와 속닥속닥하면서 '상고법원' 만들자고 로비를 벌이고 '일본

강제징용 판결'을 지연시키는가 말이다(이외 사안들도 많다). 법원을 정의를 판단하는 최후의 보루로 여기는 국민의 신뢰를 배신한 일이 아닐 수 없다. 그런데 사법농단에 연루된 판사들에 대해 도대체 내부 징계가 없다. 판사징계법에는 파면 조항조차 없다. 성범죄·뇌물 등 비위 판사들에게 내렸던 가장 큰 징계가 기껏 정직 1년이다. 이렇게 자기 식구들 봐주는 규정 중 하나가 헌법상 10년 임기인데, 독재 시대의 그 조항을 근거로 비위 판사들의 자리를 보전해줘야 한다는 말인가?

"성원도 됐고 위원장도 계시니 회의 시작합시다!" "국힘, 여태까지 전략도 안 짜고 뭐합니까?" 내가 직설을 던진 상황은 이러했다. 한번은 상임위장에 여당 의원들, 상임위원장, 법무부 장관이 다 들어와 앉았는데, 국민의힘 쪽에서는 정제원 의원 혼자만 앉아 있다가 자기 당 의원들이 따로 회의하고 있다고 하니까, "그럼 나도 가야지" 하면서 나가는 것이었다. "제가 가서 모셔오겠습니다"라고 말하기는커녕 죄송하다는 말 한 마디가 없었다. 너무 무례하지 않은가? 적어도 상임위 시간을 지키는 기본 예의는 있어야 하지 않나? 왜 다른 공직자들의 귀중한 시간을 빼앗으면서 자기네들 전략을 짜는가? 그동안은 뭐하고?

"공직자 마인드가 아닙니다." 국감장에서 윤석열 검찰총장에게 했던 발언이다. 내가 도저히 용납할 수 없는 게 그의 공직자답지 않은 언행이었다. 조국 장관 지명자에게 문제의식을 가질 수도 있다고 보자. 그렇다고 왜 대통령의 인사권에 정면으로 도전하는가? 왜 국회를 존중하지 않는가? 장관 내정자를 검증하는 일은 인사청문회를 통해 국회에서 하는 게 먼저다. 문제가 드러나면 그 이후 수사든 기소든 하면 되는 것이다. 그런데 왜 검찰이 먼저 나서나? 내정자와 그 가족을 그렇게 무자비하게 압수수색하고 나중에 공소장을 바꿀 정도로 부실한 기소를 장관 인사청문회 마감 직전에 해야 했나? 그런 무리수들이 검찰의 위상에 폐를 끼친다는 자성조차 하지 못한다면 어찌 검찰 행정부 조직을 위한다고 할 수 있나? 이게 공직자의 자세인가, 아니면 '검찰총장 찬스'를 이용하는 정치인의 기술인가? 그는 검찰의 정치화, 검찰의 권력화라는 위험 상황을 만들어버렸다.

"그렇게 요점 파악이 안 돼서 어떻게 검사합니까?" 윤석열 검찰총장의 화법은 주절주절 늘어놓기와 외마디 윽박지르기 두 가지로 나뉜다. 본인 및 가족의 비리와 재산 문제가 제기될 때는 둘러대면서 논점을 흐리고, 측근 보호나 부실 수사와 기소 문제가 제기되면 흥분하여 화를 못 참는 경우가 너무 많다. 그런 행태를 보며 "조국·정경심은 부부 일심동체고 윤석열·김건희는 부부 일심동체 아닙니까?"라고 질문하지 않을 수 없었다. 국감에서 나는 확실히 깨달았다. '아, 저것은 피의자의 화법이구나. 검찰은 수사를 하면서 피의자의 화법을 배우는구나!'

"국회가 흥신소, 지라시, 싼티 난다는 소리 듣고 싶지 않습니다." 나는 열린민주당의 원내대표로서 국회운영위원회에도 위원 역할을 했는데, 운영위에 가나 법사위에 가나 오로지 대통령과 정부 인사들을 지나친 언설로 흠집 내려 들고, 선정적인 유튜브 나 종편에서 써먹을 만한 소문을 퍼뜨리고, 그저 이해관계로 정 치를 희화화하는 행태를 지적한 말이다. 도대체 그런 짓들을 하 려고 국회의원 하나? 그런 짓을 하는 국회의원을 왜 언론은 비판 하지 않는가? 국회는 흥신소가 아니며, 지라시나 유튜브에서 돌 아다니는 저질 언설과 루머를 옮기는 데가 아니다. '싼티' 나는 행태로는 국회의 평판을 떨어뜨릴 뿐이다.

"왜 국회의원이 갑질합니까? 법을 지키십시오." 신임 법제처 장의 재산 문제를 국민의힘 김도읍 간사가 제기하면서 가족의 재산 자료 일체를 내놓으라고 윽박지르던 상황에서 내가 손들고 했던 발언이다. 인사청문회도 아니고 업무보고에서 재산 문제를 제기하는 것도 적절치 않은데, 본인 자료도 아니고 가족 일체의 재산 자료를 내놓으라는 것은 지나친 월권이다. 나의 요지는 이 랬다. "재산 문제를 제기할 수 있습니다. 다만 바른 방식으로 하 십시오. 꼭 필요하다 판단되면 공직자윤리위원회에 자료를 제출 하게 하고, 의원은 열람만 하는 게 공직자윤리법 아닙니까? 공직 자와 공무원을 이렇게 잘못된 방식으로 잡으려 드는 게 갑질 아 닙니까?" 내 논리가 상식적이지 않은가?

사전에 준비해서 하는 발언과 질의가 대부분이지만, 워낙 비상식적이고 몰상식한 상황이 벌어져 답답해서 손 들고 했던, 이른바 의사진행 발언들도 많다. 상황에 따라 순발력 있게 제기하는 발언들이 훨씬 더 전달력이 높고, 이렇게 판을 정리하는 역할이 절대적으로 필요하다는 것도 알게 되었다.

법사위에 임하면서 엄청나게 많은 준비를 했다. 헌법 조문을 다시 공부하고, 국회운영법·공직자윤리법을 세세하게 들여다보고, 법관징계법·검찰청법뿐 아니라 비공개 규정 목록을 찾아보고, 과거 국회의사록을 살펴보며 빈 구멍을 찾았다. 검찰 관련 부서와 기관에 요청해서 받은 자료를 분석했고, 보좌진들이 자료를 많이 찾아오면 찾아올수록 일은 더 늘어났다. 국회 상임위에서나 국감에서 대중이 보는 모습은 빙산의 일각일 뿐이다. 그 일각을 물 위로 드러내기 위해서 물 밑의 빙산을 탐사하는 일이 국회의원과 보좌진의 역할이다.

*

법사위로 활동하면서 나는 '김진애어컨'이라는 새 이름을 얻었다. 이름에 '애'자가 있기 때문에 붙은 별명일 것이다. '사이다'라는 표현보다 더 세다. 사이다는 잠깐 속을 시원하게 해주지만 에어컨은 그 공간 전체를 시원하게 해주는 거니까 더 좋은 별명이라 여기기로 했다.

김진애어컨이 된 것은 상식의 힘 덕분이다. 나는 상식으로 비상식을 지적했을 뿐이다. 그리고 전문 용어가 아니라 시민의 언어로 얘기했을 뿐이다. 에두르지 않고 바로 핵심을 찔렀을 뿐이다. 국회 상임위의 발언 시간은 무척 짧다. 피감기관의 답변까지 포함해서 7분 또는 5분이고, 의사진행 발언은 3분·2분 정도이고 때로는 1분이다. 위원 수가 많을수록(국토위는 무려 30명, 국회운영위는 32명, 법사위는 17명이다) 발언 시간은 더 짧아질 수밖에 없다. 이 짧은 시간 안에 핵심을 전달하는 것이 중요하다. 막말이나 억지가 아니라 맥을 짚는 언어가 필요한 이유다.

걸리는 게 없어서 김진애어컨이 될 수 있다는 점도 분명 작용했을 것이다. 내가 보호를 받아야 하거나 보호를 해줘야 할 어떤 집단이 있는 것도 아니다. 내가 법조인들과 계속 보고 살아야 할 이유도, 법조계를 이루는 특정 조직을 감싸줘야 할 필요도 전혀 없다. 오직 상식 편에서, 보통 시민들이 법조계에 가지는 의문과 세상에서 벌어지는 온갖 의혹 가운데 누가 봐도 이상한 부분을 콕 찍어서 질문하면 된다. 관료·검사·판사·국회의원·법조기자들은 그 안에 워낙 오래 젖어 있어서 못 볼지 모르나 일반 시민들이 납득할 수 없는 사안들이 너무도 많다는 사실을 법조인들은 깨달아야 한다.

나의 오랜 별명인 '김진애너지'에 더해 새로 얻은 '김진애어컨'이라는 별명은 나에게 또 다른 미션을 주었다. 나는 사람들을 기운 내게 하려는 동기가 충만한 성향인데, 간명하게 핵심을 콕 집어 분위기를 바꾸어내는 성향을 새롭게 인정받게 되었으니, '김진애너지 + 김진애어컨'으로 살아가야겠다는 의욕이 솟는다. 나쁘지 않다. 열심히 그렇게 살아보련다.

3 또 자라기

자라자, 배우자, 평생토록!

지난 십 년 동안 나는 또 훌쩍 자랐다. 이 연배에 어떻게 또 자랐냐고? 나는 '죽을 때까지 자랄 수 있고 또 자란다'는 뇌과학 이론을 확실하게 나의 철학으로 삼고 있다. 오죽하면 '자라자, 배우자, 평생토록!'이 내 좌우명이겠는가? 이 이론은 최근에 와서 여러 분석을 통해서 공식화되었는데, 나의 자라기 철학을 과학적으로 입증받은 것 같아 기분이 아주 좋다.

2012년 5월 말에 18대 국회의원직을 마쳤다. 현실정치 입문 직후 2004년 17대 총선 때 용산에 출마했다가 민주 진영의 분열로 패배했고, 18대 비례대표에 출마했지만 갖은 우여곡절 끝에 당선권에서 벗어났다. 그러나 운명인지 2009년 말 뒤늦게 승계해서 2년 반 남짓 의원직을 지냈다. MB 정권의 블랙리스트에 오를 정도로 4대강 사업, 뉴타운, 민영화 등 핵심 이슈들과 싸우느라 짧지만 굵은 의정 생활이었다. 2012년 19대 총선에서 정치 세습을 깨보겠다고 마포 갑 지역구의 노웅래 후보에게 도전했다가 경선에서 2:1의 참담한 성적으로 졌다. 경선 패배 후에 오히려 시민들의 더 큰 격려를 받았지만, 선출직 도전은 더 이상 무망하다고 여겨 깨끗이 접었다. 특정 계파에 속한 것도 아니고 줄 서기나 로비가 내 체질도 못 된다. 경력 확실하고 가치관도 뚜렷하며 정책 추진력과 정무 역량을 갖춘 전문가 출신 정치인은 시민의 지지를 받을지는 몰라도 기성 정치권 안에서는 자칫 배제되기 십상이다. 이 제약을 뛰어넘을 역량이 나에겐 없다고 판단했다.

2012년 대선에서 문재인 후보가 패한 뒤 내가 쓰는 비밀번호 끝자리에는 '2017'이 자주 붙었다. 우리 사회의 퇴행을 목격하며 2017년의 각오를 다지는 내 나름의 방식이었던 셈이다. 그런데 2016년 말 박근혜 탄핵이 있었으니 대한민국의 현실 정치란 그야말로 예측불허의 드라마가 아닐 수 없다. 탄핵 상황에서도 문재인 대통령은 42% 득표로 당선되었으니, 만약 김대중 대통령 당선 때처럼 여러 후보가 나오지 않았더라면 위험했을지도 모른다. 이 생각을 하면 아찔하다.

문재인 대통령 선출 이후에 마음이 편해지지 않았느냐고? 물론 기대감도 희망도 높아졌다. 그러나 여권의 지식인이라는 입장이 결코 편한 것만은 아니다. 일단 마음놓고 비판하기가 그리 쉽지 않다. 자칫 지지자들의 마음을 다치게 할까 봐 조심스러워지고, 비판의 일부 발언만 따고 왜곡해서 보수언론이 정부 여당을 비판하는 소재로 쓰는 일이 빈번하기 때문이다. 박원순 서울

시장 시절에도 마찬가지 애로를 겪었다. 그의 근본 철학에 공감하는 바 크지만 하나하나 정책에 대해서 모두 다 찬성할 수는 없었다. 그런데 내가 특정 정책을 비판하면 '같은 편끼리 갈등한다'는 식으로 기사가 달리고 기자들의 후속 취재 요청으로 전화통에 불이 난다. 현실정치에 몸담았던 지식인의 고충일 것이다.

*

당장 먹고사는 문제가 닥쳤다. 정치인도 당연히 생활인이다. 18대 비례 의원을 승계하면서 현업은 완전히 접었다. 정치권 인맥이 있다고 여겨서 로비에 써먹으려 하거나 나의 유명세를 마케팅에 활용하려는 시도가 워낙 많기 때문이다. 무언가 끈이 달려 있는 특정 사업의 자문이나 특정 기업의 고문 같은 역할은 절대 사절이었다. 공공정책 자문은 할 수 있지만, 시간과 노력은 많이 들지만 수입에는 전혀 도움이 안 된다.

그럼 뭐하고 먹고살지? '내가 벌어서 먹고살 거야!'라고 결단했던 열 살 무렵과 여러 고민과 불안에 휩싸였던 십대 시절이 다시 떠올랐다. 독립은 내 인생의 핵심 가치 중 하나이고 우리 커플은 정확히 '부부별산제'에 '반반 분담제'인지라 최소한은 벌어야 했다. 그동안 모아두었던 돈은 현실 정치권에서 활동하며 다 써버렸다. "빚은 안 졌으니 그나마 다행이잖아?" 남편의 말은 위로는 될망정 내 밥벌이를 해결해주지는 못한다. 다행히 나에겐 글쓰기, 말하기라는 달란트가 있었다. 인생과 공부와 독서, 건축과 집과 도시 등의 주제에 대해 열심히 책을 써서 베스트셀러를 만들기도 했고, 시간적으로 소화할 만한 수준에서 강연도 했고, 자존감을 지킬 만한 수준에서 방송에도 나갔다. 나름 생존했고, 현실 정치권에 거리를 두니 공부 시간이 넉넉해졌고, 그 시간 속에서 새로운 기회들을 만날 수 있었다.

KBS 라디오의 시사프로 「열린토론」 진행을 1년 동안 맡았던 것은 무척 의미 있는 시간이었다. 노무현 정부 시절에 「정관용의 열린토론」을 매일 저녁 들으며 토론 실력을 키웠던 기억이 생생하다. 이 프로그램이 다른 이름으로 바뀌면서 마치 아무도 듣지 않기를 바라는 것처럼 존재감이 약해져서 안타까웠나. 이명박·박근혜 정부 시절에는 토론을 달가워하지 않는 분위기가 있었으니 말이다. 아침 시사프로를 진행해달라는 제의가 왔을 때 사양하면서도 「열린토론」을 부활시키면 맡을 수도 있다고 나름 배짱(?)을 튕겼는데, 놀랍게도 성사가 되었다. 내 인생에서 언젠가 라디오를 진행해보고 싶었던 바람이 비로소 이루어진 것이다. 프로의 성격은 좀 달랐지만 말이다.

「열린토론」 사회를 보면서 욕도 많이 먹고 찬사도 많이 들었다. 여권 인사가 시사프로 진행을 맡으니 편파적이라는 비난이 쏟아졌다. 거두절미하고 욕설 댓글이 달리는데, 내가 상처받을까 봐 피디·작가·스태프들이 전전긍긍했지만 악성 댓글에 흔들릴 정도로 나는 멘탈이 약하지 않다. 알찬 비판 댓글은 고맙게 귀기울이지만 욕설과 피상적 언설로 뒤덮인 악성 댓글은 그냥 패스한다. 가장 많이 받았던 비판은 '왜 그리 말이 많으냐? 진행자인지 패널인지 모르겠다'라는 것이었다. 기계적인 진행만 하라는 것인데 무척 올드한 비판이다. 진행자가 핀잔을 준다고 다시는 안 나오겠다는 보수 패널들이 있어서 스태프들이 곤혹스러워하기도 했다. 그런데 아무리 이해한다고 해도, 준비 없이 상투적인 내용으로 시간을 때우는 패널은 곤란하다. 패널에게 날카로운 질문을 던지는 건 진행자의 역할이다.

시사프로 진행자란 피디와 작가가 써준 질문만을 단순히 던지는 사람은 결코 아니다. 기계적으로 진행하는 토론은 일단 듣기에 힘이 들고 재미가 없다. 짧은 인터뷰 프로와 달리 토론 프로는 호흡이 길기 때문이다. 패널들은 각기 전문성과 가치관에 따라 서로 다른 정보에 근거해 주장을 펼치는데, 나열되기만 하면 청취자의 머릿속에 스토리로 이어지지 않아서 흥미를 끌지 못한다. 이상적인 토론이라면, 진행자의 호기심과 생각의 전개, 패널들의 주장과 논쟁 역학이 쌓이면서 청취자의 호기심과 리듬을 맞추면 최고다. 진행자의 질문과 멘트가 그런 역할을 해야 하는 것이다.

택시 기사들에게 엄청난 호응을 받았다. '힘차다, 재미있다, 가끔 질문이 훅 들어올 때는 깜짝 놀라고 신도 났다, 여러 번 다시 듣기를 했다.' 토론에 빠진 청취자들 덕분에 나도 덩달아 신이 났다. 매일 방송의 부담을 알고 시작했음에도 불구하고 예상보다 훨씬 더 부담이 컸다. 백분의 토론을 준비하는 데 최소 두세 시간은 필요하다. 또 오가는 시간과 방송 시간이 서너 시간 걸리니, 하루에 대여섯 시간을 쓰는 부담은 상당했다. 정치, 외교, 안보, 행정, 검찰개혁, 사법개혁, 경제 이슈들, 사회문화 현상, 인물 분석 등 무척 흥미로운 주제의 토론이어서 크게 배울 수 있었다. 하지만 피상적이거나 반복되는 토론이 이어질 때면 정신적 스트레스도 만만찮았다.

지금은 정준희 교수가 진행하는「열린토론」을 즐겨 듣는다. 언론학지로서 차분한 진행과 예리한 질문, 정리 멘트가 일품인지라 듣기 편하다. TV건, 라디오건, 종편이건 간에 시사프로들이 대부분 짧은 꼭지들로 정보를 마구 쏟아내면서 마치 쇼처럼 진행되고 선정적 주장들이 많아서 들을 가치가 없는 경우가 많은데,「열린토론」은 차분한 호흡으로 들을 수 있고 진중하고 합리적인 맛이 좋다.

이 점에서 시간 제약이 크게 없는 팟캐스트와 유튜브가 최고다. 유튜브는 영상을 끄고 소리로만 들으면 된다. 그래서 나는 이런 말까지도 한다. "목소리로만 하는 라디오 토론이 진짜다. 라디오 라이브 토론이 안 되는 정치인을 의심하라!" 영상에는 속임수와 편집과 후광 효과가 작용하지만 목소리로만 하는 토론에서는 실력이 고스란히 드러나기 때문이다. 이런 생각을 하던 나에게 팟캐스트 진행 기회가 왔다. 「김진애의 책으로 트다」라는 책 프로였는데, 작가들의 깊은 얘기를 끌어내는 게 흥미로웠다. 초대 작가의 전작을 다 읽느라, 또한 '세 권의 책읽기' 코너의 책을 추천하느라 독서량이 크게 늘어났는데, 모처럼 책 읽기의 즐거움에 흠뻑 빠질 수 있었다. 책이란 항상 곁에 두는 것이지만, 몰입해서 읽는 시간을 가지면 마음과 정신이 훌쩍 자라는 느낌이 들어서 좋다.

유시민 작가, 김영하 소설가, 김상욱 물리학 교수, 그리고 유희열 MC와 같이했던 「알쓸신잡 3」는 잡학박사들이 모여서 벌이는 지적 향연 그 자체만으로도 즐거웠다. 일상에 녹아 있는 시사적·사회적·문화적 의미들이 서로 통한다는 사실을 깨닫게 해주는 흥미로운 프로그램이었다. '알쓸신잡'은 단순히 여행 예능 프로가 아니다. 이 프로의 핵심은 여행의 다양한 체험에서 촉발되어 나온 주제에 대하여 자유롭게 소통하는 즐거움에 있고 그런 점을 시청자들이 놓치지 않고 느낀다. 시나리오도 큐도 없이 패널들이 때로는 비슷한 생각, 많은 경우에 다른 생각들을 털어놓고 이야기를 나누는 시간이야말로 인생에서 '의외로' 멋진 순간 중 하나였다. 언젠가는 '북한을 여행하는 알쓸신잡' 프로가 나오면 좋겠다고 상상하곤 한다.

「김어준의 뉴스공장」 출범 때부터 초기 멤버로서 일주일에 한 번씩 '김진애의 도시이야기' 코너를 시작했는데 무려 3년 반 동안 이어졌다. '언제든 잘라도 된다'는 마음으로 시작했는데 장수한 것을 보면 나름 인기 높은 코너였던 모양이다. 2020년 총선까지만 하고 다른 방송을 해봐야겠다고 마음먹고 있었는데, 인생은 예기치 못한 방향으로 흘러서 내가 열린민주당 비례대표로 출마하게 되어 갑작스럽게 마감되었다. 안타깝게도 청취자들에게는 인사도 못 드리고 종료되어 아쉽고 미안했다.

일주일에 한 번 7~12분의 짧은 코너였지만, 도시와 건축의 '멋짐'보다는 '의미'에 주목하고 관련 정책 이슈의 본질과 정치적 함의를 전하려 노력했고 나름 성공한 것으로 보여 뿌듯했다. 전문 강연이나 특강 형식도 유용하지만 아주 짧은 시간이나마 시사프로에서 꾸준히 소통하는 것이 대중적 관심도를 높이는데 아주 효과적이라는 사실도 알게 됐다. 청취율 높은 프로인 데다가 진행자 김어준과 게스트 김진애 사이에 전개되는 '티키타카 긴장'도 흥미를 끌었을 것이다. 이 방송을 하면서 나의 '목소리 시그니처'가 시민들, 특히 택시 기사님들에게 널리 전해졌고, 나는 청취자들에게 어린 시절에도 못 들어보던 '귀엽다'라는 평까지 듣게 되었으니 인생은 정말 모르는 것이다. 지금도 「뉴스공장」에서 내가 코너 끝날 때 외치던 "안녕~!"을 그리워한다는 누리꾼 댓글이 자주 달린다.

인생·운명 또는 사회는 어떤 행로를 당신 앞에 예비해두고 있을지 모른다. 계획대로 되는 인생은 없다. 어떤 실패와 역경이 닥치고 어떤 기회가 오고 어떠한 시간이 찾아올지는 아무도 모른다. 잘할 수 있는 것, 하고 싶은 것에 대해서만 기회가 오는 것도 아니다. 거꾸러지고 엎어지다가 다시 일어나서 걷다 보면 전혀 생각지 못하던 역할이 주어지기도 하고, 열심히 자기 역할을 찾으려 들다 보면 좋은 기회가 만들어지고 또 다른 기회로 이어질지도 모른다. 인생이란 어느 시간이든 자신에게는 첫 경험이다. 그 첫 경험의 생생함과 설렘을 유지할 수 있다면, 인생은 살아볼 만하지 않을까?

인생이 하나의 일관된 선이라는 말은 옛날 이야기다. 그렇게 하나의 선으로만 이루어지는 인생은 안정적일지는 몰라도 지루할 수 있다. 또 실제 어떠한 인생도 하나의 선으로만 이어질 수는 없다. 우리가 사는 사회의 불확실성이 높아지고 변화무쌍하고 예측 불가능하고 사방에 위험이 존재한다. 하나의 직업으로 시작해서 훈련을 쌓아 나름 안정적인 위치에 오르거나 프로가 되었다 싶으면 갑작스러운 상황이 발생해 다른 일로 옮겨야 하는 경우도 허다하다. 전통산업 시대에서 벗어나 혁신산업 시대로 본격 돌입할수록 이런 경향은 더욱 짙어진다.

우리 인생에는 무수한 점이 찍힌다. 때로는 왜 생각지도 못한 상황이 생기는지 전혀 이해가 안 되기도 한다. 그 점들을 이어서 다양한 선을 만드는 일, 또 그 다양한 선들을 이어서 하나의 별자리를 만드는 일은 온전히 우리 자신의 몫일 것이다. 인생이란 하나의 선이라기보다는 아무리 미완성이라고 해도 하나의 별자리를 이루어가는 과정이다.

　'자라자, 배우자, 평생토록!'

　내 좌우명을 잘 지었다. 앞으로 또 어떤 일이 일어날지는 전혀 알 수 없지만, 열심히 배우고 시도하면서 자라보련다. 적어도 내 인생의 별자리는 좀 더 밝아지지 않을까?

4 결단의 시간

그물에 걸리지 않는 바람처럼

"소리에 놀라지 않는 사자와 같이,

그물에 걸리지 않는 바람과 같이,

흙탕물에 더럽히지 않는 연꽃과 같이

무소의 뿔처럼 혼자서 가라."

나는 『숫타니파타』 경전의 이 대목을 참 좋아한다. 소설 제목
으로 유명한 '무소의 뿔처럼 혼자서 가라'보다 '그물에 걸리지
않는 바람처럼'이라는 말이 더 좋다. 소리에 놀라지 않는 사자까
지는 못 되어도, 진흙 속에서 아름답게 피어나는 연꽃까지는 못
되더라도, 그물에 걸리지 않는 바람은 사람으로서 지향할 만한
가치가 있다고 생각해서다. 세속은 우리를 얽어매려 들고, 차라
리 그 그물 안에서 끼리끼리 살자 하고, 때로는 꼼짝달싹도 못 하
게 그물로 잡으려 들지만 그 유혹과 위협과 억압 속에서도 자신
을 잃지 말라는 뜻이다. 경전의 깊은 뜻은 모든 집착과 욕망, 그

리고 인연까지도 버리고 해탈하라는 것이지만, 세속에 사는 우리들은 중대한 상황을 겪을 때 또 어떤 결단의 순간이 필요할 때 어떻게 그물에 걸리지 않는 바람이 될 수 있을 것인지 고민하라는 뜻이리라. 마음에 새길 만한 말이다.

*

내가 2020년에 21대 국회의원이 되었던 것은 순전히 우연이다. 분명한 하나의 계획을 세우기보다는 다양한 시나리오를 그리면서 사는 나조차도 전혀 생각해보지 않은 일이다.

앞서도 얘기했지만 2012년 18대 국회의원직을 마치면서 선출지에 대한 생각은 완전히 접었다. 전문가로서 또한 글 쓰는 작가로서 내가 할 수 있고 하고 싶어 하는 일들이 있으며 또 사회에 기여할 만한 일도 있을 테니 열심히 찾고 도전해보리라 생각했다. 주변에서 앞으로의 행보를 물으면, "내가 뭘 할지는 몰라요. 하지만 재미나게는 해드릴게요!"라고 답하면서 나를 열어두고 탐색하며 시도하는 삶을 꾸려가는 자유인의 시간이 8년 동안 이어졌다. 세간의 입방아에 오르기도 했지만, 나무 주변에 부는 바람이려니 여겼다.

2020년 3월에 열린민주당 창당 주역인 정봉주 최고위원에게 전화가 왔다. 열린민주당이 시행한 '국회의원 열린공천제'에 따라 추천이 됐다면서 비례대표 참여 의사를 물어온 것이다. 당연히 고사했다. 나보다 사회적 주목도가 높고 가능성이 훨씬 더 큰 인사들이 참여하는 게 바람직하다고 생각했기 때문이다. 며칠 후에 여러 인사와 경로를 통해 다시 요청이 왔다. 평소 내가 존경하는 인사들까지 간곡히 청해왔다. 주변의 의견을 널리 듣고 내 생각을 살펴보기로 했다.

정치에 관심이 높은 시민으로서 나는 처음부터 열린민주당의 등장 소식을 반겼다. 아주 좋은 대안이라고 봤기 때문이다. 연동형 비례대표제가 적용되는 총선에서 만약 열린민주당이 교섭단체가 될 수 있다면 국회 운영에서 캐스팅보트 역할을 하며 정부 여당에 크게 도움이 되리라 봤다. 예전에 노회찬 의원이 소수 정당들과 연대하여 만든 교섭단체의 역할처럼 제1야당의 억지와 횡포를 효과적으로 막고 여당에도 개혁을 촉구하면서 국회에 활발한 정책 경쟁을 일으키겠다 싶었기 때문이다.

하지만 그 일에 내가 선수로 참여하는 것은 또 다른 문제였다. 여러 이유로 주저하게 됐다. 첫째 이유는, 한번 정당 활동에 참여하면 길게 가야 한다는 의무감 때문이었다. 2003년 열린우리당 창당에 참여한 이후 여러 진통을 거쳐 더불어민주당으로 바뀌는 과정에서 마음고생이 무척 많았다. 앞서 얘기했던 시사프로 「열린토론」 진행을 맡게 되어 당적을 정리해야 하지 않았더라면 민주당에 계속 남아 있었을 것이다. 어떤 어려움이 있든, 어떤 대접을 받든, 때로 불만스러운 점이 있든, 정치적 의리에 대한 나의 원칙은 확고하다. '당은 절대 안 바꾼다.' 성향이 전혀 다른 정당을 여기저기 옮겨 다니며 자리 하나 마련하기 위해 기웃거리고 거듭 출마를 시도하는, 이른바 '철새'들을 보면 내 얼굴이 다 화끈거린다. 변절자나 배신자와는 최대한 섞이지 않는다는 게 내 소신이다. 경력이 쌓이고 연배도 있는 만큼 나의 정치적 역할에 대한 주변의 기대도 높아졌으니 참여의 부담은 더 커지리라는 생각이 나를 주저하게 만들었다. 한마디로 '자유인의 삶을 포기해야 하는가?'라는 의문이었다.

둘째 이유는, 내가 현실 정치권의 생리를 잘 알기 때문이다. 균형과 협력보다는 약육강식과 제로섬 경쟁이 지배하는 데가 정치권이고, 팀플레이나 역할 플레이보다는 게파나 이너서클이 득세하는 영역이 현실 정치권이다. 세상에 할 일이 얼마나 많은데 그런 제로섬 게임에 다시 발을 담가야 하는지에 대한 거부감이 컸다. 아니나 다를까, 총선 과정에서 더불어민주당(비례위성정당이었던 더불어시민당도 포함하여)과 열린민주당의 갈등은 불필요하다 싶을 정도로 심하게 불거졌다. 지도급 정치인들과 유튜브 평론가들의 발언 수위가 금도를 넘는 경우가 많았고, 지지자들 사이에 벌이는 논쟁도 심각했다. 많은 지인들이 나의 열린민주당 참여를 적극 권유했던 반면, 또 많은 열린민주당 반대 지인(이른바 '더불어민주당-더불어시민당 몰빵론자')들이 나의 참여를 적극

말리는 데서도 여실히 알 수 있었다.

나 스스로에게 깊이 물었다. 왜 이 현실 정치의 문이 나에게 다시 열리는 걸까? 내가 절실하게 부딪칠 시대적 과제가 무엇일까? 내가 해야 할 역할이 있을까? 두 가지 위기의 징후는 뚜렷하게 다가왔다.

첫째는 코로나 위기였다. 코로나가 전 세계로 확산하며 인류사적 위기로 확인되는 불안한 시점이었다. 모든 일정을 다 예약해놨던 포르투갈-스페인 한 달 여행을 취소했고, 집필이 거의 마무리된 여행 관련 책도 출간을 미루었으며, 방송사와 기획하던 도시 탐방 프로도 추진 여부가 불투명해졌다. 우리의 삶과 공간에 대해 다시 생각해야 할 과제들이 한두 가지가 아니었다. 코로나 시대에 우리의 삶과 공간이 어떻게 바뀌어야 할지, 포스트 코로나 시대를 어떻게 대비해야 할지 중차대한 과제 앞에 내가 할 일이 분명히 있을 터였다.

둘째는 정치적 위기감이었다. 문재인 정부 등장 이후 대체로 낙관하며 살아왔지만, 2019년 조국 전 장관 일가에 대한 윤석열 검찰총장 주도의 전방위 수사와 무지막지한 기소를 심상찮은 조짐으로 봤고, 보수 언론들의 막무가내 '조국 일가 악마화' 기사들에 분노하면서 내 가슴에 불이 붙던 때였다. 아주 단순한 이유였다. 설령 조국 장관 내정자에게 흠결이 있더라도 그것은 대통령의 인사권과 국회의 청문 과정을 존중하는 방식으로 제기되어야 하고, 만약 문제가 드러난다면 인사청문회 또는 장관 취임 이후에 낙마하면 될 문제다. 이런 상식이 적어도 지켜져왔는데 왜 이 기본이 깨져야 하는가? 왜 조국에게만 검찰이 공격적으로 나서는 걸까? 게다가 가족과 일가에 가해지는 검찰의 무자비한 행동과 언론의 지라시 행태는 도저히 용납할 수 없는 지경이었다. 검찰과 언론이 무서워지고 누구든 당할 수 있다고 겁을 먹게 만드는 사회는 공포 사회다. 우리 사회가 이런 공포 사회의 덫에 빠져버릴 수는 없다는 나의 소신은 뚜렷하다.

내가 할 일이 있는 것 아닐까? 이 두 가지 시대적 과제를 짊어지는 선택의 순간이 나에게 온 것 아닐까? 운명은 우연을 가장해 온다고 하지 않는가? 이런 생각이 들었다. 게다가 나는 항상 약한 쪽의 손을 잡아주려는 성향이 있다. 열린민주당은 힘이 필요했다. 내 작은 힘이나마 실어주면 좋은 성과를 낼 수 있을 것 같았다. 8년 동안 자유인으로서 일하고 살아오던 나를 불러낸 열정적인 열린민주당 당원과 지지자들의 간절함도 아른거렸다. 어떤 여망으로 불렀는지 그 기대에 내가 부응할 수 있을지 궁금하기도 했다. 그래서 결단했다.

*

결단 자체도 어렵지만 그 이후를 감당하는 건 더욱 어려운 일이었다. 우여곡절 끝에 총선에서 열린민주당은 세 석을 배출했다. 총선 개표 방송에서 단 한 석만을 예상하는 조사가 나왔을 때 눈앞이 캄캄해지다 못해 새하얘졌다. 내가 비례대표 1번이었는데, 오직 국회의원 한 석만 배출한다면 어떤 상황이 되겠는가? 창당 후 지지율이 가파르게 올랐을 때 최대 12석, 본 선거가 시작되고 열린민주당에 대한 언론 미디어 노출이 줄어들며 지지율이 떨어졌을 때도 최소 5~6석을 예측했는데, 결과는 큰 충격이었다. 하지만 사실 창당 한 달여 만의 성과로는 대단한 것이었다. 창당 주역인 정봉주·손혜원 전 의원의 역량과 헌신 덕분이다.

신생 정당이 아장아장 뒤뚱뒤뚱 걸어가는 길은 울퉁불퉁하고 사방에 장애물투성이다. 소수 정당으로서 설움도 겪고 견제도 받았지만 나름 버텨냈고 열린민주당의 개혁적 행보와 국회에서의 지렛대 역할이 지지자들의 응원을 받으며 우리는 꿋꿋할 수 있었다. 다른 어떤 정당의 당원들보다 열린민주당 당원들의 열정 지수는 높았다. 민주 진영의 지지자들로 산전수전 다 겪으면서 정치판을 탁월하게 읽어내는 정치 고관심층 당원들도 많고, 세상에 나서 처음으로 정당의 일원이 된 사람들도 많다. 열린민주당을 '매운 맛 민주당'이라는 애칭으로 부르는데, 매운 맛은 열정적 당원들로부터 나온다.

소수 정당의 의원직 수행이란 가시밭길이다. 아무리 의원 한 사람이 헌법기관이라 하더라도, 의정 활동이란 혼자서 할 수 있는 일이 아니다. 법안 발의를 하려면 최소 아홉 명이 필요한데 한 사람 한 사람 설득해야 하는 시간을 적잖이 들여야 했다. 친분 있는 민주당 의원들이 꽤 있기는 했지만, 개혁적인 법안이나 당론과 관련 있는 법안의 공동발의자를 찾으려면 애를 많이 써야 한다. 나름 야심차게 준비해왔던 법안들 중에서 세 개의 법안은 결국 발의하지 못했는데 여당 지향 당론이나 대선 후보의 의견과 다른 경우다(법관징계법 개정, 주택청 신설, 재난 상황의 사회연대세 도입). 게다가 거대 여당이 바람직하지 않은 방향으로 정책을 결정하려 들거나 움직이려 들지 않을 때 물밑에서 설득하는 것도 품이 많이 드는 일이다. 앞서 얘기한 대로 어쩌다 법사위에 속해 있었지만 주택 정책과 종합부동산세 제도 등 국토위와 기재위 관련 정책에 나서다 보니 여러 방향으로 활동해야 하는 힘듦은 말할 것도 없었다.

유튜브라는 새로운 매체를 통해 소통 행보를 이어가는 것은 시간이 꽤 들었지만 의미가 컸다. 6개월 만에 10만 구독을 기록한 '김진애TV'의 빠른 성장은 보좌진들의 최고 보람이었다. 영상 전문가가 아니면서도 열심히 기술을 익혀 유튜브 영상을 올리는 재미에 빠져 배고픈 줄도 모른 채 일하는 모습들이 귀여울 정도였다. 사진 찍히기보다 사진 찍기를 더 흥미로워하는 게 내 성향이고 나의 일거수일투족을 쫓아다니는 카메라의 시선과 마이크 상시 착용이 부담스러웠지만, 이것도 이 시대 정치인들이 감수해야 하는 일 중의 하나가 되어버렸다. 전문성 확실한 의원으로만 나를 인식하던 지지자들이 '어쩌다 법사위 위원' 활약을 통해서 나의 정치적 가능성에 주목하면서 응원하게 된 데에는 유튜브의 역할도 컸다고 본다.

'악플이 무플보다 낫다'는 말은 연예계뿐 아니라 현실 정치권에서도 통한다. 소신 행보가 뚜렷할수록 보수 언론의 흠집 내기와 보수 지지자들의 악플에 시달리게 되지만, 그만큼 열성적인 지지층도 커진다. 공격과 흠집 내기의 대상이 된다는 건 무척 피곤한 일이지만 현실 정치권에선 나쁘기만 한 일은 아니다. 정치인이란 호감이나 칭찬만을 먹고사는 건 아니기 때문이다. 소신 행보와 정책 행보에 대해서 격려도 받고 욕도 먹는다. 일방적으로 치켜세우는 편향 언론을 이용하며 몸집을 불리는 정치인들이 꽤 있는데, 그런 정치인들은 빠르게 성장할지는 몰라도 내공을 키우지 못해서 위기가 닥치면 무너지는 것도 빠르다. 이러저러한 공격을 견뎌내면서 나의 멘탈은 더 튼튼해졌다.

*

스스로 설정한 나의 역할은 내 대표 별명인 '김진애너지'에 숨어 있다. 어떤 상황에서도 에너지를 불어넣는 역할이다. '김진애너지 아니요?' 하면서 대학 동기가 삼십여 년 전 지어줬던 이 별명을 처음 들었을 때 꽤 그럴듯하다고 생각했고, 자주 쓰다 보니 나에게도 자극이 되었다. 나는 세상을 기운 내게 하고 싶은 성향이 강하다. 다른 사람들을 기운 내게 하고 싶다. 나의 에너지를 나눠주는 것도 즐겁지만 남들이 주는 에너지를 받는 것도 즐겁다. 순진한 낙관주의자는 전혀 못 되지만 근본적으로 긍정주의자다. 팀플레이를 즐기고 속칭 '빡세게' 일하는 과정을 즐기면서 에너지를 더 올리는 체질이다. 결과는 성공이거나 실패일 수 있다. 하지만 일에서만큼은 전력투구로 원 없이 일하고 싶다.

생각지도 못한 기회가 찾아와서 다시 현실 정치권에 들어가게 된 것은 내가 그물에 걸린 것일까? 그렇다면 그물에 걸리지 않는 바람이 될 수 있을까? 그물은 인간 세상 어디에나 있게 마련인데, 과연 그물을 가뿐히 뛰어넘거나 통과할 수 있을까? 김진애너지를 잃지 않고 마음껏 뿜어내고 싶다.

첨언: 이 책이 나오는 시점에 열린민주당과 더불어민주당의 통합이 추진되고 있다. 2022 대선을 앞두고 결속을 다지기 위함이다. 이 과정에서 열린민주당이 제시해온 정치개혁 과제들이 공통의 과업으로 부상되고 있다. 한 지역구에서의 국회의원 3선 제한제, 국회의원의 공적 책임을 묻는 국회의원 국민소환제, 비례대표를 당원들이 추천하고 순위를 정하는 열린공천제 등이 그것이다. 이외에도 검찰개혁·언론개혁·부동산개혁·교육개혁 과제가 추진되고 있다.

5 내려놓음

"씩씩하게 졌습니다"

나는 2021년 서울시장 재보궐 선거에서 열린민주당 후보로 선출되었고, 더불어민주당 박영선 후보와의 단일화에서 패해 본선에 나가지 못했다. 이 과정에서 21대 국회의원직을 열 달 만에 내려놓았다.

"왜 후보 단일화를 하려고 국회의원직까지 사퇴했나?" 그 후 가장 많이 받은 질문이다. '무모한 도전이다. 거대 여당 후보를 어떻게 이긴다고?'라는 질문과 함께 '단일화에서 이길 수 있다고 생각하는 사람은 김진애 하나뿐'이라는 식의 조롱도 야권 인사들로부터 받았다. 이런 질문과 반응은 나올 만하다. 시민들은 안타까워서 질문하는 것일 테니 감사한 마음으로 답해드리고, 조롱에 대해서는 이 세상에는 다른 태도도 있음을 성실하게 알려드리고 싶다.

내려놓음이 최고의 선택이 될 때가 있다. 나도 마찬가지였다. "씩씩하게 졌습니다"라고 단일화 패배 연설을 할 수 있었던 것은 내가 패배를 예감하면서도 기적을 바라며 씩씩하게 최선을 다했기 때문이다. 헌정 사상 단일화를 위해 국회의원직을 사퇴한 사례로는 유일하다고 한다. 솔직히 토로하자면, 내가 단일 후보가되지 못하더라도 의원직 사퇴 상황까지는 가지 않기를 바랐다. 21대 국회에서 해야 할 역할이 분명히 있고 후반기에는 기재위에서 가열차게 일하리란 계획까지도 세워놓았으니 말이다.

예수처럼 '이 고난을 피할 수 있으면 피하고 싶다'고 기도하는 상황까지는 아니더라도, 저간의 정황이 이 선택을 피할 수 없게 만들었다. 선거법상 의원직 사퇴 시한인 2021년 3월 8일(선거일 30일 전) 전에 단일화가 이루어졌다면, 내가 지거나 민주당의 경선 후보였던 우상호 의원이 지더라도 의원직을 던지지 않아도되었다. 2011년에 박원순-박영선 단일화에서 당시 박영선 후보가 패했지만 국회의원직을 유지할 수 있게 일정을 짰던 사례도있었기 때문에 기대를 갖고 있었다. 민주당의 여러 인사들이 단일화가 필요하다고 확언했기 때문에 더욱 그러했다. 하지만 민주당 지도부가 경선 일정을 미루면서 3월 1일로 마감을 정할 때단일화에 대한 진지한 고민이 없음을 알고 나는 마음속으로 진즉 사퇴 각오를 굳혔다.

단일화에 대한 물밑 대화에서 민주당 측은 '의원직 사퇴 시한이자 대선 출마를 앞둔 당시 이낙연 당 대표 사퇴 시한인 3월 8일까지 단일화하자, 시대전환 정당의 조정훈 후보와 삼자 단일화를 하자, 1회 토론과 여론조사로 결정하자'라는 세 가지 조건을 제안했었다. 민주당 편의만 고려하면서 의례적인 단일화를 하자는 속내가 빤히 들여다보이는 제안이라서 나는 받아들일 수 없었다. '의원직 보장해주려는 거잖아?'라는 태도가 심히 불쾌하기도 했다. 실제로 조정훈 후보와 박영선 후보는 그런 과정을 거쳤고, 조정훈 후보는 의원직을 지켰다.

나는 3월 2일에 의원직 사퇴를 선언했고 단일화 합의가 성사된 것은 3월 9일이 되어서다. TV토론회를 두 번 하고 당원선거인단과 일반 여론조사를 거쳐 후보등록일 직전인 3월 17일 저녁에 발표하기로 했다. 이렇게 성사되었던 것도 서울시의 민주당 당원 14만 명과 열린민주당 당원 2천 명을 당원선거인단으로 하자고 내가 최종 제안했기 때문일 것이다. 물론 이 단일화가 성사된 주요 이유는, 당시 오세훈 후보가 국민의힘 경선에서 승리하는 이변을 일으킨 후 안철수 후보와 단일화를 추진하면서 박영선 후보의 지지율이 대폭 떨어졌기 때문일 것이다. 토론회 횟수와 선거인단 구성에 대해서 신경전을 벌이는 게 바람직하지 않아 보였고, 만약 내가 승리하는 기적이 일어난다면 민주당 당원의 절대적인 응원이 필요했고, 단일화 무산으로 파생될 문제보다는 불리한 단일화라도 하는 게 낫다고 판단했기 때문이다.

사람들은 또 묻는다. 70:1의 불리한 선거인단 구조 속에서 이길 수 있다고 생각했냐고? 이 질문에 대해서는 개인 김진애가 아니라 열린민주당 후보 김진애로서의 입장을 설명해야겠다. 작은 정당에서 후보를 내는 것은 큰 모험인지라, 당원의 절대적 의지가 없으면 불가능하다. 열린민주당 당원들은 '후보를 내야 한다 65%, 이후 단일화해야 한다 82%'로 답했던 바 있는데, 당원들의 소망과 딜레마가 역력히 보이는 결과다. 후보를 냄으로써 열린민주당의 존재감을 부각하되 본 선거 승리를 위해서는 여권 단일화를 꼭 하라는 뜻이다. 민주당 박원순 시장이 급작스럽게 타계함으로써 치러진 선거이고, 성추문 의혹에 대한 설왕설래로 민주당 입장이 곤혹스러웠고, 후보로 나설 만한 당내 인물이 있다는 생각에서 열린민주당 당원들은 이렇게 판단했을 것이다. 열린민주당의 공식 후보로서 나는 당원들의 딜레마를 헤아리며 단일화를 성사시키는 데 온 힘을 다해야 했다.

언론이 별로 주목해주지 않았지만 열린민주당 경선 역시 뜨거웠다. 열린민주당은 '열린공천'이라는 제도가 있었는데, 당원이 후보 추천을 하고 추천에 응한 후보들이 경선을 하여 당원 투표로 결정하는 절차를 밟는다. 여러 인물들이 추천되었으나 두 사람이 경선에 응했다. 나와 함께 경선에 나섰던 정봉주 후보는 2016년 서울시장 출마 의사를 냈던 인지도 높은 정치인이다. 나는 첫 출마이지만 꽤 오랫동안 서울시장 재목으로 거론되어왔고 도시전문가로서 나름 전문성을 인정받은 후보다.

정봉주 후보가 당시 재판에 걸려 있어 대외적인 선거운동을 자

제해야 했던 사정이 있어서 항소심 무죄 판결이 난 후에야 경선이 본격 시작되었던 셈이다. 열린민주당의 홍보가 미약해서 많이 아쉬웠지만 나는 최대한 정봉주 후보의 입장을 존중하자는 뜻으로 임했다. 경선에서 여성가산점을 적용하지 말자는 제안도 했다. 정치 입문 시의 여성가산점이나 청년가산점 적용은 우리 사회의 지역 정치 상황을 고려할 때 필요한 제도라고 보지만, 광역단체장 선거와 같이 경력 있는 인물들이 맞붙는 경선에서 꼭 필요한 제도인지는 의문이다. 나중에 들어보니, 많은 언론인들은 열린민주당 창당 주역인 정봉주 후보가 경선에서 이기리라 예측했다고 한다. 나는 경선에서 65%의 지지율로 후보로 선출됐다.

*

"국회의원직을 던진 것에 후회는 없나?" 이 질문도 많이 받는다. 아마도 국회의원직이라는 특권적 지위를 어떻게 내던질 수 있느냐는 생각에서 나온 질문이리라. 그럴 만도 하다. 열심히 일하려는 사람에게 국회의원직은 극한직업이지만, 그런 국회의원들만 있는 것은 아닌 게 현실이니 말이다. 국회의원은 세금으로 억대의 연봉과 9명의 보좌진과 사무실과 활동비를 지원 받으니 안정적으로 일할 혜택이 부여되고, 정보 접근과 기자회견권, 자료 요청과 현장 접근권, 법안 발의와 예산 심사권까지 큰 권한이 주어져 있다. 이런 혜택과 권한이 4년 동안 보장되는데 불과 열 달 만에 그 직을 내려놓는 게 이해가 안 되는 것일 게다.

아쉬운 점은 확실히 있다. 보좌진의 존재다. 회사처럼 매달 월급을 지급해야 하는 걱정 없이 항상 거기 있어주던, 헌신을 다하던 보좌진들이 불쑥불쑥 그립다. 대부분 그들을 공개채용으로 뽑았다. 내가 현실 정치권에서 멀어지며 정치권 후배들이 이미 상당히 성장했기 때문에 채택한 방식이었다. 지원자들이 무척 많았고 채용하고 싶은 사람들도 너무 많아서 고민했는데, 내가 잘 선택하기도 했거니와 이들 스스로 잘 훈련하기도 했다. 적극적으로 활동하는 의원을 지원하느라 혹독한 훈련을 받은 보좌진들이 앞으로도 크게 자랄 것을 믿는다.

국회의원 연구모임인 '도시공간정책포럼'을 기획해서 주택정책과 부동산 이슈와 도시정책에 큰 역할을 하리라 다짐했는데, 계속 일하지 못하게 된 것은 무척 애석한 일이다. 소수 정당의 의원이지만 나에게 기대를 갖고 회원이 되어준 국회의원들에게 특히 미안하다. 하지만 언제 어디서든 뜻을 같이하며 일할 기회가 오면 만나게 되리라 믿는다. 부동산 주택 이슈가 전 사회적 관심을 받고 있는 시대에 많은 비판을 받기도 하지만 이럴 때가 또 한 발 더 나아갈 기회가 될 것이다.

이런 아쉬움에도 불구하고, 나로서는 '하고 싶은 일'과 '해야 하는 일'이 맞아떨어진 데에 큰 의미를 두었다. 인생에서 이런 순간을 맞기란 여간한 축복이 아니다. 공약을 열심히 고민해서 발표하고 공감대를 이루고 지지자들의 아낌없는 지지를 받는 모든 과정이 축복의 연속이었다. 서울시장직은 나의 오랜 꿈이자 내가 잘할 수 있는 일이라 생각해왔고, 선거의 타이밍과 정황상 도전할 만한 가치가 충분했고, 단일화 과정에서 누차 밝혔듯이 본선 승부에 내가 더 적합하다고 생각했고, 승리하는 단일화를 위한 의원직 사퇴의 명분도 확실했다. 하고 싶은 일이자 해야 하는 일을 하는 데 후회란 들어설 틈이 없다.

"과정에서 힘들진 않았느냐?"는 질문도 많이 받았다. 물론 힘들었다. 정책과 정무에서 나를 도와주는 사람들은 민주진보 진영의 인사들인데, 혹시 그들의 경력에 문제가 생길까 봐 공개적으로 드러내지도 못했다. 민주당을 의식하는 분위기 때문에 공개적인 집단 지지는 꿈도 못 꿀 일이었다. 개별적으로 지지를 표명한 인사들, 개인적으로 지지의 뜻을 전해온 인사들에게 감사하지 않을 수 없었다. 디지털 경제인들이 단체로 나의 디지털 정책을 공개 지지했는데, 자유롭게 입장을 밝힌 그분들의 독립적인 위치가 인상 깊고 부러웠다.

언론의 홀대는 예상보다 훨씬 더 심했다. 작은 정당 후보의 서러움을 톡톡히 겪었다. 내가 국회의원직 사퇴를 선언하자 겨우 인터뷰에 불러주는 언론들과 박영선 후보를 깎아내리려 나를 활용하는 보수 정치인들의 언설을 볼 때 무척 씁쓸했지만 그게 현실 정치의 단면이다. 평소 나를 높이 평가하던 민주 진영의 유튜버 스피커들이 나를 무시하거나 조롱하는 일련의 모습을 보며 많이 착잡했다. '단일화 필요 없다, 김진애는 토론에서 봐주는 게 없다, 국회의원직을 내려놓을 리가 없다, 본선 후보 등록을 안 하거나 중도 사퇴할 것이다' 등의 설을 들을 때는 답답했다. 진영 논리에 빠지거나 특정 후보를 대놓고 지지할 때 보이는 편향적 행태인데, 2020년 총선 때의 현상을 다시 목도하게 되니 걱정도 되었다. 평론가들이라면 전체를 보고 전략을 탐색하면서 모든 주자들의 건투를 격려하고 대승적으로 더 큰 하나가 되도록 역할을 해야 하지 않나? 정치 발전을 위해 꼭 필요한 일이다.

이런 푸대접과 공격을 받을 때면 당연히 '완주하자!'라는 생각이 불쑥불쑥 들었다. 내 기질을 안다면 완주 가능성을 부인할 수 없다는 것도 알 터였다. 2010년 지방선거에서 한명숙 후보가 민주당 서울시장 후보로 나섰을 때 당시 노회찬 후보와 단일화를 추진하지 않아서 간발로 선거에 졌던 뼈아픈 경우도 생각났다. 나는 그때 18대 국회의원으로 한명숙 후보를 돕고 있었는데, 노회찬 후보와의 단일화에 소극적이고 열심히 설득하지 않았던 민주당 지도부를 석연찮게 지켜볼 수밖에 없었다. 고 노회찬 의원이 술회하기를, "평생 먹을 욕을 그때 다 먹었다"고 하는데, 나는 그 당시 민주당 지도부의 성의가 부족했다고 본다.

황당한 현상도 있었다. 출마 선언할 때부터 기자들이 묻는 질문이나 기사들은 대부분 '비례 후위 순번 김의겸 후보가 의원직 승계하나?'였다. 이게 무슨 '기레기 짓'이며 '출사표 던진 사람에 대한 예의'인가? 한심한 지경이었다. 내가 사퇴하면 당연히 승계할 텐데, 무슨 의도로 이런 질문을 할까? 극우 유튜버들과 일부 보수 언론들은 '모종의 밀약이 있을 것이다, 청와대의 조정이 있을 것이다, 어떤 거래가 있을 것이다' 같은 한심한 음모설도 버젓이 썼다. 무슨 근거로 이런 말을 할까? 그 이유를 짐작한다. 첫째, 김의겸 의원이 청와대 대변인 출신이라 문재인 정부에 대한 공격거리를 하나라도 더 만들겠다는 불순한 의도 때문이다. 둘째, 저들의 머릿속에는 너무도 익숙하게 '거래와 밀약과 이익 주고받기와 권력 개입' 같은 말만 들어있기 때문이다.

국회의원직을 공식 사퇴한 뒤에도 총리·장관·공공기관장 등 여러 공직에 내 이름이 오르내리는 기사들이 참 유감스러웠다. "뭐가 있긴 있죠?"라고 떠보며 접근하는 기자들은 안쓰러웠다. 모든 게 거래로만 보이고, 명분이 아니라 실리만 따지고, 이익을 계산하지 않는 행동은 없다는 사익 위주의 시각을 어떻게 고쳐야 할까?

본회의장 고별인사에서 했던 말 그대로 내가 국회의원직을 가볍게 본 것은 아니라고 국민에게 다시 송구함을 전하고 싶다. 국회의원으로서의 나를 더 보고 싶다고 한 지지자들에게는 더더욱 죄송하다. 뒤엉키고 가끔은 혐오스럽기조차 한 국회에서 시원하고 통쾌한 '김진애어컨 발언'을 그리워하는 분들에게는 미안함과 고마움을 같이 전한다. 어디에서든 나는 나의 미션을 찾아내며 '김진애어컨'으로서 시원하게, '김진애너지'로서 기운 내게 해드리고 싶다는 말씀을 드린다.

*

선거란 이기려는 의지로 임하는 전쟁이다. 다만 정치적 반대측과 경쟁하는 본선이 전쟁이라면, 당내 경선이나 가치를 공유하는 단일화는 일종의 전투다. 전쟁은 이겨야 하지만 모든 전투를 다 이길 수는 없다. 나는 전쟁에서 이길 수 있는 후보라고 생각해서 나섰지만, 단일화라는 전투에서는 질 가능성이 높은 후보임을 스스로 인식하고 있었다. '승리하는 단일화'가 필요하다 여겼고 그래서 의원직을 던지며 단일화에 임했던 것이다.

씩씩하게 졌지만, 진 건 진 거다. 전투는 외롭고 패배는 쓰라리다. 게다가 서울시장 선거에서 박영선 후보가 큰 차이로 패하고 나니 더욱 착잡하고 아팠다. 하지만 필요할 땐 내려놓아야 한다. 하고 싶은 일과 해야 하는 일이 같을 때 내릴 수 있는 최고의 선택이다. '그물에 걸리지 않는 바람'이고 싶다는 나의 선택이었다.

6 내 마음속 리더들

정조·김구·노무현처럼

치열했던 지난 일 년, 자유인이었지만 분방했던 지난 십년을 넘어 나는 지금 이 자리에서 또 새로운 미션을 찾는다. 이 시대의 과제는 무엇일까, 이 시대에 필요한 리더십은 무엇일까, 내가 기여할 수 있는 역할은 무엇일까. 이런 고민 앞에 정신의 사표가 되는 인물을 마음속에 품고 있는 것은 각별히 도움이 된다.

좋아하고 존경하는 인물들은 무척 많지만, 공적으로 흠모하는 리더를 꼽는다면 정조와 김구와 노무현 세 인물이다. '최고의 리스펙트'를 담아서 나는 세 리더의 이름을 마치 '친구'처럼 부른다. 그들의 인간적인 면모와 매력에 깊이 매료되었기 때문에 더욱 가깝게 느끼는 것일 게다.

평소 내가 정조를 깊이 흠모하고 있음은 여러 자리에서 얘기해왔다. 가끔 꿈에도 나타날 정도라고 말이다. 내가 궁금해하는 것을 이야기해주기도 하고 내 고민을 해결할 수 있는 통찰을 제시해주기도 한다. 모두 내 마음의 작용임을 잘 알지만, 그렇게 생각을 자극하는 인물을 품고 있는 것은 큰 축복이다.

김구 선생은 '내가 꿈꾸는 아름다운 나라'에 대한 『백범일지』의 한 대목만 생각해도 마냥 힘이 날 정도다. 엄혹한 일제강점기 아래서도 '오직 갖고 싶은 것은 높은 문화의 힘'이라고 말하는 담대함은 어디서 비롯될까? 나라를 빼앗긴 설움 속에서도 갖고 싶은 것은 부력(富力)이나 강력(强力)이 아니라 '세계에서 가장 아름다운 나라가 되기를 바란다'는 품격은 어떻게 나올까? 떠올리기만 해도 가슴이 벅차고 어깨에 날개가 돋는 느낌이다.

노무현 대통령은 내가 정치적인 결단이 필요할 때면 언제나 묻게 된다. 당신 같으면 어떤 선택을 하시겠냐고? 열린민주당에 참여하는 결단을 내렸을 때도, 서울시장 출마를 결심했을 때도, 단일화를 위해 국회의원직을 내려놓을 때도 마찬가지였다. 묻는 자체가 힘이 된다.

정조·김구·노무현 세 인물 모두 실사구시의 리더들이다. 철학이 분명했고, 사상을 다듬었으며, 현실 인식이 냉철했고, 개념을 분명하게 세웠고, 아무리 현실이 어려워도 더 큰 걸음을 내딛으려 했고, 정적들이 에워싸고 있어도 기어이 돌파해냈고, 실패와 시행착오도 있었지만 언제나 한 걸음 더 나아가려 애썼다. 구시의 시각은 높되, 실사의 시각은 낮게 하여 혁신과 개혁으로 실사구시 행보를 펼쳤다. 과제 많은 이 시대에 이들이 걸어간 길이 새삼 밝은 빛을 드리운다. 우리는 실사구시할 수 있다.

절실하게 또 절박하게.

*

실사구시는 태도다. 언제 어디서나 필요한 태도다. 입으로만
실사구시를 외치는 사람들을 보면 모욕감을 느낀다. 실사구시의
실천이 얼마나 어려운 과제임을 고민하지 않고 그저 이익에 밝
고 계산에 밝음을 강조하는 것이 못마땅하다. '실사'에는 냉철함
이 필요하고 '구시'에는 뜨거움이 녹아 있어야 한다. 어떤 구시
의 마음으로 어떤 실사를 통해서 실사구시를 실천하느냐, 어떻
게 냉정과 열정을 유지하며 세상을 실질적으로 바꾸느냐가 실사
구시의 요체다.

정약용과 정약전이 18세기에 북학에 마음을 열고 천주교를 학
문으로서 공부했던 것은, 당시 하늘같이 떠받드는 성리학의 기
조만으로는 시대 변화를 따라잡거나 주도할 수 없고 백성의 힘
듦을 풀어낼 길이 없으며 나라의 위상과 미래가 흔들릴 것이라
는 위기의식 때문이었으리라. 농업 사회에서 상공업 사회로 전
환되고 나라 밖의 격동이 감지되는 상황에서 난국을 돌파해야
한다는 생각이 강했을 것이다. 그래서 공고한 신분 사회의 기득
권과 부정부패를 혁파하기 위해 나라를 개방하여 새로운 문물과
지식을 받아들이고, 다양한 인재를 등용하여 개혁 정책을 폈던

것이다.

더구나 개혁 군주 정조가 단행한 각종 정책에 참여하면서 조선의 새로운 탄생을 예고하는 개혁의 시간을 살았던 정약용·정약전이다. 역사에는 가정이 없다고 하지만, 만약 정조가 일찍 서거하지 않았더라면 개혁 정책을 사회 모든 분야에 뿌리내리게 했을 것이고, 나라의 힘을 키우며 향후 조선 말기 백 년에 닥쳐올 비극적 역사를 막아낼 수 있었을지도 모른다.

실사구시는 큰 위기가 닥치기 전에 더욱 필요한 자세다. 실제로 위기가 닥쳤을 때는 이미 늦다. 제국주의 국가들의 탐욕에 처절하게 찢겼던 힘없는 대한제국 시대 훨씬 더 이전에, 냉전 이념과 세계 패권 싸움으로 남북을 분할 통치하려는 시도가 있기 훨씬 더 이전에 그를 막을 힘을 키워냈어야 했다. 이미 비극의 씨앗은 자라고 있는데 난관과 위기를 헤쳐갈 힘을 키워놓았던가?

지금의 우리 사회는 적어도 참담한 위기의 시대는 아니다. 나라가 힘이 없어 자력갱생할 수 없는 시대가 아니다. 제국주의 국가들이 호시탐탐 나라를 찢어발기려 들고 식민 제국들의 땅따먹기 담합에 맞설 힘조차 없던 시대가 아니다. 나라를 빼앗긴 것도 원통한데 분단에까지 이르러 통탄해야 했던 시대도 아니다. 세계 패권 다툼에 휘말려 민족상잔의 전쟁까지 속절없이 치러야 했던 비극의 시대도 아니다. 분단 대치 상황을 남과 북의 정권을 유지하는 데, 사회를 탄압하는 데, 그리고 각종 정치 공작을 벌이는 데 이용하던 시대도 아니다. 권력의 폭압 아래 수많은 시민과 젊은이들이 희생되고 인권이 말살되고 인생이 파탄나던 시대도 아니다. 그 모든 고난과 고통의 시간을 견디고 위기를 극복해온 대한민국이다.

때때로 돌아보면 깜짝 놀라곤 한다. 어떻게 견뎠지? 어떻게 살아남았지? 어떻게 이렇게 성장했지? 기적과도 같은 일이다. 코로나 위기 속에서 오히려 대한민국의 세계적 위상이 올라간 일이 놀랍고, 개발도상국이었던 나라가 선진국 반열에 들어간 것은 우리가 처음이다. 어찌 스스로 대견하지 않을 수 있겠는가?

물론 관건은 지금이다. 더욱 실사구시의 자세가 필요한 때다. 전 지구에 새로운 변혁의 파도가 넘실대고 있고, 지난 시대에 쌓여왔던 폐해들이 극도의 갈등 구조를 만들어내고, 새로운 변혁에 저항하거나 적응하지 못하는 한계도 낳고 있기 때문이다. 문제는 훨씬 더 많고 복잡하여 이른바 '문제 복합체'가 되어버렸다. 바로 그래서 실사구시가 지금 이 시대에 더욱 필요하다. 큰위기가 닥치기 전에 실사하고 구시하는 절박한 마음이 있어야 한다. 권력을 잡기 위해서 절박한 게 아니라, 권력을 잡은 후 할 일을 꼭 해내야 할 마음에 절박해야 한다. 이 시대의 정조, 이 시대의 정약용과 정약전이 나와야 하는 이유이기도 하다.

2

이 시대가 풀어내야 할 이슈들

개혁 군주 정조처럼

다산 정약용처럼

흑산도 정약전처럼

이 시대의 실사구시 이슈에 정면 승부해보자.

절실하다면, 무언가를 해내야 한다.

절박하다면, 무엇이든 해낼 수 있다.

감히 해야만 해냄을 이룬다.

실사를 제대로 해야 구시할 수 있다

실사구시(實事求是)하려면 실사가 먼저다. 그것은 시대가 처한 현실을 정확히 파악해야 한다는 말이다. 뉴스에 오르내리는 각종 현상에 홀리다 보면 표피적 문제만 나열할 수 있을 뿐이다. 제대로 실사하려면 그런 현상들을 만들어내는 구조적 요인에 천착해야 한다. 그만큼 객관적이고 과학적이고 현실적이고 본질적인 분석이 필요하다. 물론 그런 분석을 거친 실사 역시 완벽히 객관적이라고 할 수는 없다. 구시의 시각에 따라 실사의 해석이 영향을 받게 마련이기 때문이다. 그러니 완벽하게 가치중립이 될 수는 없더라도 그런 지향을 갖는 태도가 실사의 기본이다.

구시는 확실히 다르다. '바로잡음'에는 언제나 방향성이 작용하고 가치관이 개입되기 때문이다. 예컨대 '평등'이라는 가치를 지향한다면 신분이나 계급을 인정할 수 없다. 당연히 기득권에 대한 특권과 특혜를 없애고 형평성과 공정성을 높이려는 방향성이 생긴다. '민주'라는 가치를 지향한다면 '권력과 권위'의 건강성을 분석·비판하고 조율하게 마련이다. '다양성'이라는 가치를 지향한다면 '혐오와 증오' 현상에 결코 눈감을 수 없을 것이다. 그것이 주택 문제이든, 산업 문제이든, 노동 문제이든, 교육 문제 이든, 신기술 문제, 시민 서비스 문제, 행정 혁신 문제이든 간에 구시의 방향을 잡는 데는 가치관이 필연적으로 작용한다. 다만 실사구시 태도를 견지한다면, 구시의 속도와 방식을 조율하는 일이 필요할 뿐이다.

실사의 심층을 이루는 오늘날의 구조적인 문제들은 거대한 수레바퀴와 같아서 쉽게 바꾸기도 어렵고 돌이킬 수 없는 변화들도 많다. 인류사·지구사의 흐름이기 때문이다. 크게 보면 네 가지의 구조적인 문제가 있다. 팬데믹까지 강타한 지구환경재앙, 세계화와 세계자본주의의 가속, 글로벌 초기업화와 초시장화의 파고, 기술 도약의 축복과 저주가 그것이다. 이를 하나씩 살펴보자.

첫째, 지구온난화의 문제가 제기되고 기후위기도 오랫동안 서서히 진행되었지만 당장 눈에 띄는 큰 변화가 없어서 국내 정책이나 국제 외교상의 의제에서 항상 후순위로 밀려났다. 이젠 재앙이 코앞에 닥쳤다. 지구촌 곳곳에서 집중 호우와 장기 가뭄, 해수 온도 상승과 빙하 소멸, 이상 고온과 이상 저온 등 기후재앙이 현실화하고 있다. 코로나 팬데믹까지 덮치면서 앞으로 더 큰 환경적 재앙이 다가오지 않을까 불안이 증폭되고 있다.

둘째, 1980년대부터 본격화된 세계화와 세계자본주의는 오늘날 자본·노동·상품·서비스가 국경을 넘어 자유롭게 이동하는 시대를 맞이했다. 하지만 이 변화는 각국의 경제·산업·노동 생태계를 흔들고 새로운 종류의 경제 식민지화, 세계의 양극화를 초래했다.

셋째, 기업의 세계화와 시장의 세계화에 따라 초기업이 등장하고 웹 기반 플랫폼 경제가 확산하면서 로컬 시장을 집어삼키는 초시장화 현상이 빠르게 이루어지고 있다.

넷째, 디지털·생명·AI·초정밀기계 등 분야에서 신의 경지에 이르렀다 할 만큼 비약적으로 발전한 기술은 새로운 시장을 개척하며 4차 산업혁명을 촉진하고 있다. 축복이 될지 재앙이 될지 지켜볼 일이다.

지구화로 인해 발생하는 문제들은 각자 제 살 길을 찾는 방식으로는 결코 해결할 수 없다. 그런데 국가나 수많은 기업의 각자도생 행동들이 상황을 악화시키는 형국이다. 지구촌 곳곳에서 벌어지는 분쟁, 내란, 환경 악화, 자연재해, 기업 토지 독점, 난민 등의 문제는 제어할 수 없는 상황으로 치닫고 있다. 이 와중에도 세계 패권을 둘러싸고 미·중 갈등이 고조되고 있으니 새로운 형태의 제3차 세계대전이 일어나는 게 아닐까 염려스러울 정도다.

이런 흐름은 우리 삶의 질을 근본적으로 바꾸고 치명적인 부작용까지 초래한다. 저성장, 일자리 감소, 경제 양극화와 지역 양극화, 이해집단들의 갈등, 미래에 대한 불안 심리의 확산 등이 그

것이다. 이에 따라 모든 나라가 저출생, 인구 감소, 1인 가구 증가와 같은 문제를 겪고 있다. 이런 세계적 흐름 속에서 우리 사회의 실사구시는 어떻게 전개되어야 하느냐가 관건이다. 어떻게 건강함을 유지할 것인가? 어떻게 조금이라도 나아질 것인가? 이 질문을 양극화, 공정, 신계급사회의 소셜 믹스, 부동산 생태계, ㅂ자 돌림병, 갈등과 혐오의 여섯 가지 이슈를 통해 구체적으로 들여다보자.

당장 이 시대가 풀어내야 할 절박한 문제들이다. 구조를 고치기란 너무도 힘들지만 그 안에서 무언가를 해내야 하는 시간이 왔다. 우리는 어떤 방향으로 나아가야 할까?

1 양극화
암울한 SF 영화처럼 되지 말자

내가 아주 좋아하는 장르가 SF다. 소설이건 영화건 가리지 않는다. 많이 보는 만큼 수준 이하 작품을 분별하는 안목도 꽤 생겨서 이제 웬만한 명작 아니면 보지 않는다. 미래 기술과 지구 재앙과 우주 전쟁을 핑계 삼아 온갖 살상 무기로 무차별 난사하는 영화, 무자비한 권력 쟁투를 게임처럼 잔혹하게 그리는 영화에 시간을 쓰기는 아깝다.

진짜 좋은 SF는 상상력을 자극한다. 즉 세기말적 상황에서 어떤 새로운 문명이 일어나는가, 인간의 본성은 어떻게 작동되는가, 생존의 방식이 얼마나 절박하고 다양하게 펼쳐지는가, 생명체의 본원은 무엇인가, 생명력은 얼마나 끈질기게 살아남는가, 시간이란 무엇인가, 신의 존재 이유는 무엇인가 등 인간의 근원적 물음을 곱씹어보게 한다. 먼 미래보다 근미래를 다룬 영화들이 훨씬 더 흥미로운데, 지금 우리가 하는 행동의 결과들을 그럼직하게 그리면서 구체적으로 상상해보게 하고 그 행위를 되돌아보게 하며 의미 있는 메시지를 전하기 때문이다.

근미래를 그리는 SF 영화들은 대부분 양극화 현상을 기조로 한다. 초기업들이 세계 시장을 압도적으로 지배하고, 초부자들이 마치 신처럼 행세하며 시장과 사회를 주무르고, 국가의 기능은 마비되거나 위축되어 공권력은 주로 부유층을 보호하고 빈민층의 반란을 진압하는 데 동원된다. 초부유층은 자본으로 그들만의 세계를 구축한다. AI와 로봇기술의 발전으로 일자리가 사라지고 인간 소외 현상이 만연한다. 빅데이터 기술을 이용한 사회 통제, 생명공학을 활용한 인체 통제, 환경 재앙을 막는다는 명목으로 공간 통제가 자행된다.

설마 이렇게까지 심각할까 싶지만, 양극화가 지금 같은 속도로 진행된다면 영화 속의 암울한 미래가 머지않아 도래할지도 모른다. 많은 SF 영화들은 초기업이 지배하고 초부자가 등장한다는 공통점이 있다. 「블레이드 러너」에서는 인조인간을 생산하는 초기업이 세계를 지배하고, 「어벤져스」시리즈에 나오는 아이언맨은 최강의 무기를 제조하는 업체의 오너다. 「아일랜드」에는 초부자들을 위한 장기 이식에 쓰려고 맞춤형 복제인간을 생산하는 생명기업이 등장하고, 인간이 우주 광물을 개척하다 괴생명체에 공격당하는 이야기인 「에일리언」에서 우주선을 쏘아 올린 주체는 '회사'(company)다. 도대체 국가나 공공기관은 어디 가고 어쩌다 기업이 가공할 능력을 발휘하게 되었을까?

SF 영화에는 양극화가 빚어낸 도시의 끔찍한 광경들이 나온다. 초부자들은 깔끔하고 화려하며 첨단 기술로 운영되는 초고층 메가 빌딩에 산다. 빌딩들은 도시의 특정 지역에 성채처럼 우뚝 들어서 자신들만의 세계를 만들고 있다. 가난한 이들은 관리가 전혀 안 되고 도시 서비스가 제공되지 않는 후락한 뒷골목 슬럼에 산다.

근미래가 이렇게 묘사되는 이유는 실제로 그럴 수 있기 때문이다. 미래사회에 기술은 신의 수준으로 발전하고, 거기에는 초유의 투자가 이루어질 수밖에 없고, 세계 자본이 동원될 뿐 아니라 세계 시장 플랫폼이 작동할 것이다. 웹 통제가 가능한 사회로 전개될수록 양극화 현상은 점점 더 심해질 것이다. 국가가 특단의 조치를 취하지 않는 한, 예방에 어떤 역량도 발휘하지 못하는 한, SF 영화에서 그려지는 악몽은 현실화할 위험성이 높아진다.

*

SF 영화의 전조가 아닌가 싶을 정도로 양극화는 이 시대 가장 심각한 문제다. 우리뿐 아니라 거의 모든 나라가 겪고 있다. 소득 양극화, 자산 양극화, 지역 양극화, 도시 간 양극화, 도시 내 양극화가 빠르게 이루어지고 있고, 일자리 양극화, 소비 양극화, 교육 양극화, 문화 양극화 등 사회 모든 부문에서 우려할 만한 상황이 펼쳐지는데, 그 악화 속도가 심각할 정도로 빠르다.

20%의 부유층이 경제적 여유를 구가하는 반면 80%는 소외받게 된다는 '20:80 사회'를 경고한 『세계화의 덫』(한스 페터 마르틴과 하랄트 슈만 지음)이 출간된 게 1990년대 중반이다. 그런데 십여 년 지나 2000년대 중반에는 '10:90 사회'에 대한 경고가 나왔다. 다시 십여 년 지나 2010년대 중반부터 '1:99 사회'에 이르렀으니 양극화 현상이 무서울 정도로 가속화되고 있는 것이다.

현 시대의 불평등 현상을 탁월하게 분석한 정치경제학자 토마 피케티의 해석을 곧이곧대로 받아들이지 않더라도, 양극화를 악화시키는 원인에 대해서는 이미 사회적 공감대가 형성되어 있다. 첫째 요인은 자산 소득률이 노동 소득률을 월등히 추월하는 현상이다. 쉽게 말하면 아무리 열심히 일해서 소득을 늘린다 해도 이미 확보한 자산을 재투자해서 얻는 수익을 따라갈 수 없다는 것이다. 부동산은 물론이고 주식과 펀드와 코인 등 '돈 놓고 돈 먹기'가 횡행한다. 그러니 빈익빈 부익부 현상이 극심해질 수밖에 없다. 1980년대 세계 자본화 트렌드 이후에 증폭되고 코로나 위기 속에서 급격히 악화하는 추세다.

둘째, 산업 양극화가 진행되면서 고임금 일자리와 저임금 일자리로 분화되는 양극화가 발생하고 일자리 경쟁은 저임금 시장에서 더 치열하게 벌어지니, 이는 소득 양극화로 이어지고 다시 자산 양극화로 이어지는 현상이다. 첨단 산업이 빠르게 발전하고 자본시장이 지구 차원으로 확대되는 시대에 뜨는 산업과 지는 산업이 생기는 데 따른 현상이다. 코로나 위기 속에서 이 현상은 극심해진다. 전통 산업, 길거리 산업, 제조 산업들이 쇠퇴하고 첨단 산업, 플랫폼 산업, 네트워크 산업, 버추얼 산업들이 엄청난 수익률을 자랑하며 성장하고 있다.

1:99 양극화는 대체 어느 정도로 진행된 걸까? 미국의 경우 2021년 6월 미국 연방준비제도이사회는 상위 1% 순자산이 전체 부에서 차지하는 비율이 계속 상승하고 있다는 자료를 내놓았는데, 2000년 27.8%, 2010년 28.7%, 2020년 31%로 올라갔다. 그중 자산 하위 50%가 보유한 부의 비율은 불과 2.0%다. 토마 피케티는 미국은 1976년 상위 1%가 19.9%의 부를 소유했으나 세계화와 글로벌 경제가 확산된 2010년에는 35.4%로 늘어났다고 분석했는데, 비율은 다소 다르지만 세계화 현상으로 부익부 빈익빈이 심화된 것은 분명하고, 코로나 위기 속에 풀린 돈으로 양극화가 더욱 극명해진 것도 사실이다.

우리 사회의 1:99 양극화 현상은 어느 정도일까? 부의 편중을 정확히 분석한 통계 자료는 없으나, 1% 계층의 부의 편중에 대한 다양한 분석 자료들이 쏟아지고 있다. 고소득층의 소득이 훨씬 더 빠르게 증가한다. 기업계뿐 아니라 연예계와 스포츠계에서도 상위 1%가 거두는 고소득에 비해 하위층이 받는 임금은 열정 페이 수준이니 '승자독식주의' 문제가 심각하다. 부동산과 주식 등 자산 보유자는 특히 코로나 위기 속에서도 자산이 크게 증가하는 반면, 자산 시장에 진입조차 하지 못한 사람들은 부를 축적할 방법이 없다.

세계의 부 중 절반 이상을 상위 1%가 소유하고 있다는 자료가 나온 지도 한참 되었다. 세계화가 가져온 결과다. SF 영화에 나오는 것처럼 초기업·초부자의 세계 지배가 현실화하고 있는 양상이다. 제국주의 시대에 강대국이 무력으로 약소국을 약탈했다면, 이제 세계화 시대에는 초기업·초부자가 세계 곳곳을 약탈하며 지역 경제와 환경을 피폐하게 만드는 게 아닐까? 차라리 세계화 이전으로 돌아갈 수는 없을까 하는 생각이 들 정도다. 하지만 세계화 자체를 돌이킬 수는 없다. 나라마다 아무리 자국 우선주의 정책을 채택하고자 하더라도 세계 시장화, 세계 자본화, 세계 기업화의 거대한 조류를 거스를 수는 없다. 인류 역사가 작은 씨족 사회에서 부족 사회로, 도시 국가로, 통일 국가로, 제국주의 시대에서 독립 국가로, 그리고 세계화 사회로 향하는 메가트렌드에 놓여 있는 것이다. 서로 맞물려 있는 세계화의 이슈에 아직 인류는 적절한 해법을 찾지 못했다. 양극화는 그 가운데 드러나는 가장 심각한 부작용이다.

*

양극화 현상이 무서운 이유는 두 가지다.

첫째, 극심한 사회 불안을 초래해 자칫 파국의 길로 들어서게 한다는 점이다. 다음 장에서 계속 살펴보겠지만, 공정과 평등과 정의를 지향하는 인류의 기대가 흔들리고, 신계급사회의 문제가 곳곳에서 불거지면서 불안을 증폭시킨다. 불만과 갈등이 일상이 되고, 박탈감과 소외감이 사회심리의 기저에 깔리고, 범죄가 늘어나고, 사회 혼란이 극심해지면 안에서 쌓인 불만은 언제 도화선이 되어 폭력 사태로 비화할지 모른다. 양극화가 심해졌을 때 어떤 일이 생기는지 우리는 이미 역사 속에서 목도했던 바 있다. 1%의 소수가 국가 부의 70%를 차지했던 시대에 제1차 세계대전이 터졌다. 내부의 불만을 전쟁으로 터뜨린 것이다.

양극화 현상이 무서운 둘째 이유는, 쉽게 제어하기 어렵다는 사실 때문이다. 양극화 사회에서는 시장 즉, 자본이 훨씬 더 큰 힘을 갖고 있다. 각개 성장, 각개 도약, 각개 돌파가 가능한 시장 사회, 무한 경쟁 사회, 글로벌하게 움직이는 고도 자본주의 사회, 첨단 테크 주도 사회, 세계 플랫폼 경제 사회에서는 자본이 어떻게 집중될지, 주식 시장이 어떻게 움직일지, 어떤 상품과 서비스가 갑자기 소비자들의 마음을 얻을지, 세계 기업이 어떤 글로벌 플랫폼을 구축할지 예측할 수 없다. 국가는(또한 국민도) 딜레마에 빠질 수밖에 없다. 글로벌 시장에서 자국 기업의 선전을 바라면서도, 다른 한편 자국 시장에서 공정한 질서를 추구하기를 요구하는 딜레마에 처하게 된다. 대기업 또는 급성장하는 독점 기업에 대해서 양가적인 태도가 나오는 것은 이런 이유 때문이다. 국민도 마찬가지로 양가적인 심리를 갖게 된다.

한번 양극화 현상에 가속도가 붙으면 위험한 정치사회 현상이 뒤따르고 양극화를 더욱 부추기게 된다.

첫째, 양극화 상황에서는 '금권정치'(plutocracy)가 기승을 부릴 위험이 높아진다. 가진 자가 가진 자 위주의 정책을 펴도록 하기 위해 정치권에 돈을 뿌리고 줄을 대고 로비를 하고, 더 나아가 그런 유의 정치인을 키워서 정치권으로 들여보내고 심지어 권력의 자리에 올리기까지 한다. 마치 역사 속의 유물이 되어버린 귀족 정치와 같은 행태가 다시 활개를 친다. 전형적으로 우리 사회의 보수 정치인들의 행태가 그러하다. 사익을 추구하기 위해 권력을 좇는 것이다. 입법과 세부 제도, 국책 사업과 예산 행정에 미치는 영향은 어마어마하다. 금권정치의 구조가 공고해질수록 양극화 사회를 내부적으로 개혁하기가 점점 힘들어진다.

둘째, 여기에다가 어설픈 '능력주의'(meritocracy)가 득세하며 무한 경쟁의 묵시록을 정당화하려 한다. 이미 기득권을 확보한 자, 이미 더 나은 기회를 거머쥔 자들이 주장하는 게 능력주의의 핵심이다. "나는 1%에 들고 말 거야! 나는 그 10% 안에는 꼭 들고 말 거야! 20% 안에는 꼭 들고 말 거야!" 이처럼 개인에게 경쟁에서 이기기만 하면 된다는 의식을 심는다. 각 개인이 펼치는 경쟁은 사회 전체를 무한 경쟁의 지옥으로 몰아넣는다. 가진 자들은 경쟁을 부추기면서도 결국 그 무한 경쟁이 지니는 위험한 덫을 의식하지 못하거나 의식하지 않으려 한다.

*

이렇게 심각한 양극화의 현실에서 국가와 공공이 해야 할 역할은 정말 없는가? 속수무책으로 방임해야 하는가? 그렇지는 않다. 하려고만 든다면 엄청나게 많은 행동이 가능하다. 아무리 경제 기득권이 반발하더라도, 금권 정치인들과 그 배후의 카르텔이 교묘한 방식으로 온갖 방해를 하더라도, 해야 하는 일은 해야 한다. 다행스러운 것은, 전 세계적으로 양극화에 대한 문제의식을 공감하고 나름의 해결 방법을 고민하고 또 실제적인 정책을 채택하고 있다는 것이다. 우리 사회도 훨씬 더 적극적이어야 할 필요가 있다.

첫째는 소득 재분배 기능을 향상시키는 것이다. 너무 기초적인 방향이라 강조하기도 무색할 정도이지만, 그만큼 자주 무시되기 때문에 다시금 강조해야 한다. 그중 세금 체계가 가장 중요하다. 토마 피케티는 재산세 중에서도 '부유세'를 도입하는 정치적 변화가 필요하다고까지 했다. 부유세라는 이름을 붙이지는 않지만, 코로나와 같은 국가 위기 속에서 한시적으로라도 '사회 연대세'를 도입하자는 움직임도 있다. 위기로 인해서 오히려 수익률이 월등히 높아진 기업에 대한 세율을 높이자는 취지다. 미국 바이든 정부는 트럼프 행정부가 낮췄던 고소득층의 소득세 누진율을 높이는 조치를 취하고 있다. 고소득층·고자산층에게 누진세를 부과하고 거둔 세금을 복지·교육·생활 서비스를 제공하는 데 쓰는 방식이다. 우리 사회가 시행하고 있는 '종합부동산세'가 그런 취지다. 앞으로 '국토보유세'에 대한 논의, '탄소세' 추진 과제 등을 해야 하는데 단순하게 세금을 더 걷는다는 시각으로 볼 것이 아니라 부의 소유에 따라 공동체의 균형과 존속과 발전에 기여하는 사회적 책임이라 보는 시각을 갖춰야 한다.

둘째는 부당이익과 불로소득을 적극적으로 환수하는 조치다. 노력에 비해서 지나치게 많은 이익이 발생하는 경우에 확실히 환수하는 것이다. 이미 재건축초과이익환수제, 개발분담금 제도 등의 예가 있다. 토지, 부동산 개발, 주식, 비트코인 투자, 부동산 임대소득으로 벌어들인 과도한 불로소득에 대한 국민의 거부감이 상당한데, 일정 수익을 보장하여 시장 활력을 유지하면서도 그 이상의 소득은 사회와 공유한다는 원칙이 필요하다. 여러 방식들이 가능하다. 예컨대, 재개발과 재건축에서 개발 인센티브를 주되 공공임대주택을 확보하는 제도, 일반적인 개발에서도 용적률을 완화해주되 오른 용적률의 절반은 공공에 기부하여 공익과 사익의 균형을 이루는 제도 등, 여러 아이디어들이 필요할 뿐 아니라 시장에 뿌리내리게 해야 한다.

셋째는 근본적으로 기회를 넓히는 수많은 제도와 시설과 프로그램들이다. 계속 배움이 필요한 시대의 평생교육, 인생 주요 시기에 꼭 필요한 재교육, 아이 키우는 부모들이 안심할 수 있는 육아 공공부담, 계속되는 업무에 시달리는 직장인들을 위한 직무 휴가제(sabbatical), 부모 모두에게 적용되는 육아 휴직, 농촌을 살리고 인구 분산과 일자리를 만들 수 있는 청년 귀농 및 은퇴 귀농 등등의 지원, 구직과 구인의 플랫폼을 원활하게 하는 일자리 네트워크 구축, 공공영역과 민간 시장 사이의 빈틈을 메우며 새로운 일자리를 창출하는 사회적 기업 지원과 사회적 일자리 확대, 모든 직종으로 보편화하는 실업보험, 플랫폼 노동자들을 위한 4대 보험 제공 등 할 일은 무궁무진하다. 이 모든 일들이 복지 차원으로 시행되는 게 아니라 양극화 사회에서 삶의 안정성을 높이는 쪽으로 시행된다면 불가능한 일은 아니다. 설령 당장의 벌이가 넉넉지 않더라도, 일자리가 불안정하더라도 어딘가 믿을 곳이 있다는 안전감을 주는 사회 분위기를 만드는 것이 중요하다. 논쟁이 되고 있는 '기본 소득, 청년 소득'과 같은 새로운 제도도 대승적으로 검토되어야 함은 물론이다.

넷째는 가장 중요한 사회의식의 변화다. 이 세상에 돈을 싫어하는 사람은 없지만, '저 무한 경쟁의 지옥에서 허우적대느니, 삶이 있는 인생을 선택하겠다'라는 건강한 가치관이 사회의 주류 의식이 된다면 어떨까? 위의 세 번째 조건을 확보해서 기본적인 삶이 보장된다는 믿음이 늘어나면 당연히 그렇게 될 수 있다. 우리가 부러워하는 유럽, 특히 북구 복지국가의 가치관은 그러한 가능성을 보여준다.

*

우리 사회의 양극화 현상을 공적 어젠더로 처음 제시했던 정치인은 노무현 대통령이었다. 20여 년 전 일이다. 그런데 그동안 양극화 현상이 줄어들기는커녕 더 심해지고 있는 형국이니 양극화를 극복하기란 얼마나 어려운 일인가. 기업과 부유층의 이익을 대변했던 이명박·박근혜 정부에서 수없이 퇴행했고, 안타깝게도 문재인 정부는 문제를 심각하게 인식하면서도 코로나 위기라는 복병을 만나 초저금리와 자금 유동성 폭발이라는 지뢰밭에 떨어지면서 양극화 문제가 더 커져버리고 말았다.

이제 다음 단계로 나아갈 때다. 이 시대의 가장 중요한 양극화 극복의 과제, 관건은 실천이다.

2 공정의 기준

노 세습, 노 마피아, 노 카르텔

공정이란 말이 자주 회자되는 이유가 뭘까? 첫째, 온갖 종류의 양극화 현상과 함께 불평등을 빚어내는 불공정 현상이 워낙 심하기 때문이다. 이것은 분명 건강하지 못한 현상이다. 둘째, 우리 사회의 공정 감수성이 높아지고 그에 따라 불공정에 대한 분노지수도 높아졌기 때문이다. 그동안은 참거나 포기했지만 이제 가만히 있지 않는다. 이것은 우리 사회가 건강해지고 있다는 신호다. 물론 여전히 견디고 감내하는 경우가 적지 않아 아직 갈 길은 멀지만 그래도 아주 건강한 신호다. 셋째, 경쟁이 치열하고 비교가 심한 현실에서 다양한 집단의 이해가 상충하는 경우가 많기 때문이다. 이것은 아주 딜레마적인 상황이다.

공정 이슈가 제기될 때 이 근본적 상황을 의식할 필요가 있다. 우리 사회에 건강하지 못한 구조적 문제가 있음을 직시하고, 점점 더 건강해지는 공정 감수성을 반길 필요가 있다. 그리고 공정 개념이 집단에 따라 상대적이라는 딜레마도 직면해야 한다. 그렇기 때문에 더욱 사회적 공감대가 절실한데, 우리 상황을 보자면 각개의 불만은 폭발하지만 공정의 기준을 어떻게 세우느냐에 대한 공감대는 취약한 편이다.

문재인 대통령이 취임 시 제시했던 "기회는 평등할 것입니다. 과정은 공정할 것입니다. 결과는 정의로울 것입니다"라는 말은 최고의 수사이고, 인간 사회가 지향해야 할 높은 가치가 아닐 수 없다. 그러나 엄연한 현실 앞에서 실제 그렇게 될 수 있을지는 의문이다. 모든 사람에게 똑같은 기회가 주어지지는 않는다. 시대, 세대, 개인적 배경, 정책 변화 또는 우연에 따라 기회는 달라진다. 어떤 집단에 속해 있는지에 따라 제도에 대한 평가도 다르게 마련이다. 예컨대 주택청약제도이든 대학 입시든 채용 방식이든 승진 제도이든 간에 이익 그룹과 불이익 그룹이 나뉜다. 사정이 그러하니 결과에 대해서 정의롭지 않다는 반발이 당연히 생긴다. "이게 평등이냐? 이게 공정이냐? 이게 정의로운 거냐?" 이런 반발은 양극화 사회, 첨예한 정치 갈등 사회, 다양한 이해집단 사회, 다양한 가치관 공존 사회에서는 피할 수 없다.

그러니 공정이란 개념은 추상적으로나 원론적으로 얘기하기보다는 구체적인 사안에 비추어 현실적으로 정의할 필요가 있다. 입시, 채용, 승진, 업무평가, 비정규직의 정규직화, 직장문화, 갑과 을의 책임 소재, 원청자와 하청자의 책임과 권한, 각종 조세의 형평성, 온갖 종류의 갑질 제어 방식, 개발 관련 제도, 사정 기관의 운영 등 논의할 사안들은 무수히 많다.

우리 사회의 뜨거운 감자 중 하나인 '대학 입시'를 예로 들어 보자. 내가 시사프로「KBS 열린토론」사회를 볼 때 가장 진행하기 어려웠던 것이 대학 입시 관련 주제였다. 수시와 정시 비율, 내신, 우선 선발, 입학 사정, 시험 과목 등 하나하나 사안과 제도마다 대립 구도가 형성된다. 교육이라면 상당한 공감대가 형성되어 있을 법한데 그렇지 않았다. 일선 교사와 대학 교수의 입장이 나뉘고, 교사들 사이에서도 일반고·특수고·혁신학교에 따라 생각이 다르고, 사립이냐 공립이냐에 따라 다르고, 대학 소재와 전공 분야에 따라 교수들 입장이 나뉘고, 사교육계는 물론 다양한 입시 제도를 겪어온 학부모에 이르면 더욱 갈린다. 정작 당사자인 학생들이 토론에 참여하지 못하는 구조도 답답하다.

왜 대학 입시제도 논쟁이 뜨거운가? 대학 서열에 따라 인생 서열이 정해진다고 믿거나 그렇게 전제하기 때문이다. 어느 대학을 나오느냐에 따라 취업과 소득 수준과 지위의 서열이 정해지고, 권력 접근성과 자본 접근성의 수준이 달라지며, 연고를 통해 권력의 이너서클에 진입할 기회도 차이가 난다. 이런 믿음에 근거가 없지는 않다. 실제로 이런 서열화가 대학에서도, 사회에서도 존재하니 말이다. 통계를 보면 미국의 이른바 '아이비리그'라 불리는 명문대 학생 중에 고소득층 자녀 비율이 2/3를 차지하고, 우리 사회의 상위권 대학에서는 고소득층(소득 9~10분위) 자녀가 70% 이상을 차지한다고 한다. 대학 서열로 사회 서열이 구조화되고, 사회 서열이 다시 대학 서열로 구조화되는 악순환이 반복된다. 게다가 명문대 학생들이나 사회 지위가 높은 사람일수록 대부분 자기 능력으로 그 자리에 올라갔다고 여겨 승리감과 자의식이 높으며, 그렇지 못한 사람들을 낙오자로 여기면서 우월감을 가진다는 것이다.

하버드대 마이클 샌델 교수의 베스트셀러 『공정하다는 착각』은 바로 이 지점에서 자성을 촉구한다. '당신이 누리는 혜택은 당신의 능력만으로 이루어진 것이 아니다.' 이 책의 핵심 메시지이다. '능력주의'라는 도그마가 얼마나 양극화를 부추기고 있는지, 승자라고 외치는 자들을 윤리적 불감증에 빠지게 하는지, 상류층을 공감능력 제로 상태로 만들어 가난한 이들을 마치 다른 세계에 있는 사람처럼 보게 하는지, 이런 사회가 얼마나 위험한지를 경고한 것이다. '백'으로 움직이는 사회, 백이 있어야만 된다고 생각하는 사회, 개천에서는 용이 나오지 못한다고 지레 포기하는 사회, 인생 스타트 지점 자체가 불공정한 사회, 기회 자체가 막힌 사회란 얼마나 불행한가?

물론 불공정의 연쇄 고리를 완벽히 끊어내는 방법은 없다. 인간 사회에서 연(緣)과 맥(脈)을 이용해서 불공정한 이익을 얻어내려는 행태는 언제나 있었고 앞으로도 있을 것이다. 하지만 구조적 불공정의 연쇄 고리는 끊어내야 한다. 신계급사회 체제를 굳히려는 관성은 막아야 하기 때문이다. '기회는 평등하고 과정은 공정하고 결과는 정의로울 것'이라는 최고의 이상에 조금이라도 가깝게 다가서고, 불평등과 불공정과 불의의 여지를 줄이는 쪽으로 나아가야 한다. '노 세습, 노 마피아, 노 카르텔'이라는 세 가지 원칙은 그 출발점이 될 것이다.

노 세습

첫째, '노 세습' 원칙은 의지만 있다면 그나마 실천하기 제일 쉽다고 할 수 있다. 2세에 이어 3세가 등장했고 자칫 4세가 등장할지도 모를 시점에서 '묻지 마 세습'에 대한 반감이 무척 높기 때문이다. 정치권의 지역구 대물림과 같은 악습은 최근 여러 사례에서도 나타났듯이 충분히 막을 수 있는 일이다. 공천과 채용에 대한 정당 내부의 공정성이 관건이지만 사회의식이 높아질수록 정당 내부의 의식도 따라가지 않을 수 없다. 일본에서 일어나는 계파 정치의 폐해는 막아야 하지 않는가?

대기업의 총수 승계와 같은 퇴행적 행태는 계속되겠지만, 전문 경영인의 진출이 다양해지고 주주 권리 행사를 높이고 공정 과세와 경영 공공성 감시를 엄정하게 한다면 상당 부분 예방할 수 있다. 사실 상속세를 정당하게 물리기만 하면 불공정한 세습은 대부분 막을 수 있다. 누진세를 제대로 적용하면 되는 일이다. 자신의 힘으로 벌지 않은 자산은 당연히 더 큰 사회와 공유하는 것이 자본주의·시장주의 사회의 본질적 원칙이어야 하지 않은가. 그럼에도 대선 주자 중에서 상속세 폐지를 공약으로 들고 나오는 이도 있었으니(국민의힘 최재형 전 예비후보, 전 감사원장), 상속세를 국가에 '빼앗긴다'고 생각하는 이들이 여전히 있다는 증거다. 상속세는 부의 재분배를 가능하게 할 뿐 아니라 개인의 자립에 대한 국민적 공감대를 만드는 데 있어 가장 기본이 되는 제도이다.

직업의 대물림에 대해서는 어떤 공감대가 필요할까? 참 어려운 사안이다. 좋은 직업을 가진 부모들은 자식들이 자신과 같은 직업을 가지길 바라는 마음이 있으니 말이다. 내 개인적인 생각을 말하자면, '격세유전'(대를 건너 발현되는 유전자)의 법칙에 따라 직업은 손지 세대 이후로 이어지는 게 바람직하다고 본다. 부모 자식 사이에는 유력한 배경과 각종 네트워킹이 영향력을 미칠 개연성이 높다. 하지만 손자 세대가 진출한다면 주로 재능과 적성이 작용할 가능성이 높다. 우리 사회에서 누구누구의 아들, 누구누구의 딸이라는 호칭 자체가 사라지는 때가 속히 오기를 기대한다.

세습이란 말을 쓰지는 않지만, 일자리와 사업권에 대한 가족과 친인척 승계 역시 세습적 성격이 강하다. 예컨대 남산 케이블카는 60여 년째, 설악산 케이블카는 50여 년째 군사정권 시절에 박정희 친인척에게 넘겨줬던 사업권이 지금까지 대물림되고 있다. 고속도로 휴게소 사업권이나 그 밖의 각종 사업권을 공사의 퇴직 직원에게 주는 일도 허다하다. 사회단체나 학교재단 등에서 알음알음 가족과 친인척이 자리를 대물림하는 경우도 비일비재하다. 가장 불공정한 일임에도 불구하고 감춰지고, 알려지더라도 바로잡히지 않는다는 것이 답답하다.

입시와 채용과 승진과 같은 일자리 관련 사안들에서 원칙은 딱 한 가지다. 반칙과 특혜의 여지를 없애는 경쟁의 룰이 적용되어야 한다. '블라인드 테스트'는 철저하게 지켜져야 한다. 그것은 서류심사나 면접에서 인맥과 연줄의 영향력을 차단할 수 있는 최소한의 방법이다. 아예 출신 학교를 기입하지 못하게 하는 경우도 있는데, 바람직한 일이다. 특혜를 배제하는 공정 경쟁 체제로 '누구누구 백이야!' 같은 말이 사라지기를 바란다. 동등한 자격으로 그 일에 필요한 실력을 갖추고 역량이 있느냐에 따라 선택되기를 바란다. 고등교육이 보편화된 우리 사회에서는 이제 '자격 미비'보다 오히려 '자격 과잉'이 문제가 될 지경이 되지 않았나?

반면에 특권과 기득권의 세습이 아니라 책임의 승계와 같은 대물림은 사회적으로 격려하고 지원해주어야 한다. 타고난 재능이 중요한 예술과 스포츠 분야, 오랜 훈련과 연마가 필요한 각종 장인 직능, 특징 있고 개성 있는 노포(老鋪)와 중소기업의 계승은 오히려 권장되어야 하고 적절한 지원도 필요하다. 인맥으로 기회를 주고받는 분야, 예컨대 연예 분야는 업계 스스로 절제가 필요하다. 다행스러운 점은 연예 분야는 실력이 없으면 스스로 도태되는 치열한 경쟁구조라는 것이다.

양극화 사회에서 불평등이 심해지면서 나타난 이른바 금수저·흙수저로 구분하는 '수저론'은 정치권 세습, 대기업 세습, 학벌 세습, 직위 세습, 사업권 세습, 과도한 재산 상속 등을 끊어내야 사라질 것이다.

노 마피아

둘째, '노 마피아' 원칙은 단호하고 꾸준해야 한다는 데 이견이 있을 수 없다. 열심히 추적하고 처벌하는 과정을 흔들림 없이 수행하면 완전히 사라지진 않더라도 줄어들게 마련이다. 부동산 마피아, 토건 마피아, 개발 마피아, 주가 조작 마피아, 펀드 사기 마피아 등, 특히 남의 돈을 굴리고 가로채고 불로소득을 늘리는 행태에서는 모두 마피아적 성격이 드러난다. 이탈리아 마피아가 대지주를 대신하여 소작료를 징수하던 조직으로 지대를 착취하는 데에서 시작됐는데, 너무 비슷하지 않은가?

수법은 점점 교묘해진다. 법이나 시행령을 바꿔서까지 부당 이익을 챙기고 법망을 피해서 탈루를 꾀할 정도다. 이전의 마피아가 뒷골목에서 끈끈한 조직으로 은밀하게 움직였다면, 현대의 마피아들은 기동성과 순발력과 기획력, 자금 동원력과 로비력까지 갖추고 훤한 대낮의 카페에서 TF 회의를 한다. 사안이 생기면 일사불란하고 집요하게 작전을 실행한다. 혼자서 하는 게 아니라 여럿이 연결되어 움직이고, 사건이 발생하면 그 주변까지 전방위적인 '작업'에 들어간다. 즉 폭력까지는 아니더라도 갈취하고 부풀리고 고발 고소를 남발하여 괴롭히고 가족과 친지까지 위협하는 식이다. 가짜 뉴스나 언론 플레이까지 동원하는 경우도 허다하다.

마피아를 완전 소탕하기란 어렵다. 실제적으로 마피아 조직이 있다기보다는 평소에는 합법적인 외양을 하고 있다가 필요할 때가 되면 마피아 식으로 활동하는 세력이 있기 때문이다. 제대로 응징하려면 법적 공정성 외에는 달리 방법이 없다. 꾸준히 적발하여 세금을 물리고, 형을 살게 하고, 불로소득과 부당이익을 돌려받고, 재산을 환수해야 하는 것이다. 그런데 검찰·경찰·법원·감사원·공정거래위원회·금융감독원·국세청 등 공정사회를 만드는 데 가장 큰 역할을 해야 할 기관들이 제대로 감당하고 있는가? 미국 대공황 시기에 그 악명 높은 알 카포네 조직을 소탕했던 조직은 FBI나 검찰이 아니라 탈세가 있으면 지옥까지 쫓아간다는 서슬 퍼런 국세청(IRS)이었다.

노 카르텔

셋째, '노 카르텔' 원칙은 가장 절실하나 가장 실천하기 어려운 과제라는 딜레마가 있다. 사실 불공정의 대부분은 카르텔을 깨기만 하더라도 해소될 수 있지만, 기득권자들이 은밀한 방식으로 카르텔을 조정하려 들기 때문에 드러내기도 쉽지 않고 따라서 깨기도 쉽지 않다. 예컨대 4대강 사업에서 대기업 담합(카르텔)을 밝혀내는 데 수년이 걸렸다. 그렇게 밝혀지고 난 후에도 제대로 불이익이 주어졌느냐, 그 후에 다른 종류의 담합 행위가 완전히 없어졌느냐에 대해서는 의문이다.

카르텔이란 이익을 독점·과점하려는 기업들의 담합을 일컫는 말이지만, 요즘은 이익 관계에 있는 개인 또는 조직이 필요에 따라 이권과 특혜를 주고받고, 서로 뒤를 봐주거나 사적 이익을 공유하는 관계를 뜻하는 말로 쓰인다. 적당한 이해관계로 모인 이들이 동종 업계에서 기득권을 지키거나 특권을 확대하려는 행위로 사실 거의 모든 분야에서 크고 작게 일어나는 일이다. 학계·교육계·의료계·제약계·종교계·산업계·행정계·법조계·변호사계 등 각 분야에서 이미 자신들이 확보한 권한을 놓으려 하지 않거나 더 확보하려고 애쓰는 것이다.

문제는 사악하리만큼 심각한 수준의 이익 관계다. 권력에 가까운 기득권들이 연과 맥으로 서로의 사적 이익을 챙겨준다. 최근 권력 기득권을 누리고 있는 조직에서 공고한 카르텔을 형성하고 있다. 바로 검찰·법원·언론기관·금융기관·대기업·정치권 등이다. 이 카르텔은 특정 사업·정책·제도를 둘러싸고 생겨나고, 암암리에 이루어지다가 문제가 불거지고 나서 그 실체가 알려진다는 특징이 있다.

카르텔은 타파하기가 무척 어렵다는 게 큰 문제인데, 감추고 은폐하던 사람들이 어쩌다 걸리더라도 이것을 덮어주고 비호하는 힘이 다시 작동하기 때문이다. 그럴 때는 마피아 세력이 필연적으로 활동한다. 그런데 마피아는 빙산의 일각인 경우가 많다. 드러나는 세력에만 그치지 말고 카르텔을 파헤쳐야 하는데, 많은 경우 덮인다는 것이 문제다.

*

노 세습, 노 마피아, 노 카르텔의 원칙이 지향하는 가치는 '독점하지 말라, 지배하지 말라, 건강하게 경쟁하라!'는 것이다. 바로 평등한 기회, 공정한 과정, 정의로운 결과에 조금이라도 더 가깝게 갈 수 있는 원칙들이다. 모든 불공정은 독점하는 순간(즉 배제가 가능한 순간)에 싹트고 지배하는 순간에 심화된다. 건전한 경쟁이 막히면 독점과 지배의 힘이 커지고 다수를 위한 공정에 걸림돌이 된다.

어떻게 공정의 기준을 삼을 것이냐? 어떤 사안을 판단할 때 사람들은 자신의 개인적 입장과 사회적 위치에 따라 영향을 받지 않을 수 없다. 이미 많은 것을 가졌거나 혜택을 누리는 사람들이 생각하는 공정의 기준과, 가진 것이 적고 혜택을 누리지 못하는 사람들이 생각하는 공정의 기준은 다를 가능성이 높다. 중요한 것은, 그렇게 다를 수 있음을 인정하는 태도다. 그렇게 해야 비로소 '역지사지'하며 다른 사람의 의견에 귀를 기울이고 공통으로 지향할 공정의 기준이 무엇일까 고민할 수 있게 된다.

나를 돌아본다. 나 역시 한 개인으로서 한(恨)도 울분도 있다. 이른바 스펙이 좋은 편이고 많이 가지고 많이 누리는 지금의 나를 보고 그게 무슨 말이냐고 할 수 있다. 나는 여성이라는 위치에서, 불모지를 개척한 공대생이었지만 상대적으로 격하되는 사회적 위치에서, 큰 조직이 아니라 독립된 조직으로 일하는 위치에서, 사회에서 쳐주는 직위가 아니라 역량으로 승부하는 입장에서 백이나 로비 없이 힘겹게 버텨왔다. 어떻게 한이나 울분이 없겠는가? 이러한 배경을 지닌 나는 약자로서의 저항감과 변화에 대한 소망을 품을 수밖에 없었다. 내가 당했던 일들과 처했던 상황을 돌아보며 공정의 기준에 대해 깊이 고민하게 된다.

다시 대학입시 제도로 돌아와 보자. 능력주의를 주장하는 이들은 정시 확대, 심지어는 정시 100%로 돌아가자고 주장하기도 한다. 누구나 똑같은 시험을 치르고, 누구도 이의를 제기할 수 없는 점수에 따라 결정하니 가장 공정하다는 논리를 편다. 하지만 잊지 말아야 할 것이 있다. 시험 치르기에는 만만치 않게 '백'이 작용한다는 사실이다. 시험을 잘보는 요령이란 있게 마련이며, 그 요령은 주입식으로 상당 부분 습득할 수 있고, 그래서 시험 대

비용 사교육이 성행하게 되고, 고액의 사교육을 감당할 수 있는 부유층에 더 많은 기회가 돌아가는 독점 상황이 되고 만다.

정시 100%에는 다른 부작용도 많다. 정시에 올인할 때 교육의 본래 목적이 흐트러질 위험이 커진다. 대부분 학생이 오직 시험 한 번에 인생을 걸면서 학교 과정을 소홀히 하게 되고, 중고교 학업 과정의 다양성이 사라지며, 특기와 취미와 교류와 봉사 활동은 누구도 관심을 갖지 않게 된다. 서울과 지방의 격차가 더 벌어질 것임은 말할 나위가 없다. 시험만이 지배하는 사회에서는 다양한 방식의 경쟁이 불가능하다.

우리 사회의 높아진 국력과 기술·산업·문화의 발달 수준을 볼 때 아직도 대학 서열과 입시 제도에 그리 민감하다는 것은 기이하기조차 하다. 우리 사회가 은연중에 세습의 힘에 기대고 카르텔과 마피아의 위력에 굴복하는 게 아닌가 싶어서 착잡해질 때가 많다. 지금은 무한 선택과 무한 경쟁이 펼쳐지는 시대이고, 일생에서 수없이 직업을 바꿀 가능성이 높고, 혁신의 씨앗은 대학 서열에서 나오지 않음을 다들 깨닫고 있을 텐데 말이다.

양극화 문제가 심각해질수록, 저성장 기조가 계속될수록, 좋은 일자리가 줄어들수록, 비정규직이 늘어날수록 공정 불만지수는 높아질 것이다. 이런 상황에서 실력과 능력주의가 공정이라는 명목하에 세습과 마피아와 카르텔의 힘을 유지하려는 초부유층과 기득권의 발호는 가장 경계해야 할 사안이다. 궁극적인 공정과 평등과 정의는 오직 다양성과 균형성을 추구할 때 이루어질 수 있을 뿐이다. 기득권의 독점을 경계하라. 기득권층의 지배체제를 경계하라. 다양한 방식의 경쟁구조를 담보하라. 공정 개념을 바로 세우라. 그릇된 공정을 부르짖는 언론 플레이와 포퓰리즘을 경계하라. 실사구시의 태도로 구체적으로 공정의 기준에 대한 공감대를 세우자.

3 ㅂ자 돌림병

부정·부패·부실·비리·비위·불의·부당이익과의 전쟁

부정·부패·부실·비리·비위·불의·부당이익 등 'ㅂ자 돌림병'은 정말 싫다. 1995년에 내가 썼던 첫 에세이 『나의 테마는 사람, 나의 프로젝트는 세계』의 한 장이 '부패에의 유혹'이었다. 2019년에 낸 『김진애의 도시 이야기』의 한 장 또한 '부패에의 유혹: ㅂ자 돌림병과 엘시티'였다. 그리고 지금 또 이 주제를 쓰고 있으니 얼마나 한이 맺혔으면 이러겠는가?

내가 ㅂ자 돌림병을 이토록 혐오하는 이유는 나의 주 활동 분야인 도시건축이 항상 개발과 부동산 사안과 떼려야 뗄 수 없는 관계에 있기 때문이다. 전문가로서 아무리 열심히 작업을 하고 공익의 수준을 높이려 애를 써도, 도시와 건축이 현실화되는 데에는 부동산과 개발 메커니즘이 개입되고 사익을 추구하는 온갖 ㅂ자 현상이 과정을 왜곡하고 결과의 질을 낮추기 일쑤다. 이른바 '먹튀'(먹고 튀는 분양 사업) 현상, '땅 짚고 헤엄치기'(땅을 확보하면 그 이후는 일사천리로 진행되며 고수익을 올리는 사업들),

각종 '입찰 비리'와 '설계경기 비리', 그리고 '인허가 로비'에 진력이 난다. 더욱이나 법 제정이나 시행령 개정과 같은 중차대한 사안들에서 민간 이익을 높이는 쪽으로 기울게 만드는 '입법 로비', 사업과 예산을 끌어오기 위한 온갖 '예산 로비'를 목도하자면 구토가 나올 지경이다.

물론 ㅂ자 돌림병이 부동산 개발 분야에만 있는 것은 아니다. 세금·금융·회계·주식·펀딩 등 돈이 움직이는 모든 영역에는 ㅂ자 문제들이 생긴다. 중앙 정치권부터 자치 정치권까지 온갖 로비가 오가고, 사업 승인과 규제 사안을 다루는 중앙 행정부터 말단 행정까지 청탁이 들어온다. 그리고 각양각색의 청탁용·입막음용·은폐용·예우용·특혜용 비자금들이 돌아다닌다. 여기에 검·판 법조인에 대한 전관예우와 후관예우(나중에 좋은 자리에 갈 때를 대비해 사전에 주는 뇌물성 예우)까지 기승을 떨치고, 온갖 매관매직을 일삼으면서 ㅂ자 병을 키운다. 시장에서 일어나는 사기, 협잡, 조작 등은 더 말할 것도 없다. 이런 메커니즘을 구조적으로 정화하려는 노력보다는 여기에 편승하면서 이익을 좇는 언론 미디어의 플레이까지 보노라면 온 세상이 ㅂ자 병에 전염되어 있는 게 아닌가 싶을 정도다.

ㅂ자 현상을 완벽히 없앨 수는 없다. 사과 박스 안에 썩은 사과가 섞여 있듯이 세상에는 항상 부정한 방식으로 부당이익을 추구하는 인간이 있게 마련이다. 썩은 사과 한두 개가 사과 전체를

썩게 만들지 않도록 이것들을 골라내듯이, 이미 발병한 ㅂ자 병이 재발하지 않게 예방하는 체제가 사회에 굳건히 자리를 잡고, 이 일은 부단히 계속되어야 할 뿐이다. ㅂ자 병은 끈질겨서 언제 다시 스멀스멀 기어 나올지 모른다.

앞 장에서 공정의 기준을 세우기 위해 '노 세습, 노 마피아, 노 카르텔'이 필요하다고 강조했는데, 사실 이 세 가지 원칙이 제대로 적용되기만 해도 많은 부분 ㅂ자 돌림병은 예방할 수 있다. 사회의식 자체가 바로 서 있기 때문이다. ㅂ자 돌림병은 공정의 기준이 바로 서 있지 못하고 세습과 마피아와 카르텔의 발호를 제대로 견제하지 못해서 나타나는 문제적 현상이다.

우리 사회는 그동안 먼 길을 걸어와 나름 ㅂ자 병 방지 시스템을 구축해왔다. 독점과 지배와 불공정으로 통치하던 독재 정권을 심판했고 여러 번의 평화로운 정권 교체를 이뤄냄으로써 거대한 부패 구조 자체를 약화시키는 데 어느 정도 성공했다. 금융실명제·부동산실명제 등을 도입해서 원천적인 감시 제도를 갖추었고, 이제는 2천만 원 이상의 현금 흐름은 금융정보분석원(FIU)에 즉각 보고된다. 불법 투자, 주가 조작, 기업의 불공정 거래를 감시하는 체제도 마련되어 공정거래위원회와 국민권익위원회(그 시작은 부패방지위원회였다)도 나름 그 역할을 하고 있다. 사회 투명성을 높이는 공익 제보와 언론 미디어 활동, 각종 사회단체의 감시 기능도 예전보다 훨씬 더 다양해지고 두터워졌다.

법 제도적으로도 2001년 김대중 정부에서 '부패방지법'이 제정되었다. 공직자들의 공직 수행에 따른 이해 충돌을 막는 '이해충돌방지법'은 수년간 표류하다가 2021년 초에 LH 임직원들의 내부 정보를 이용한 토지 투기 문제가 불거지면서 국회에서 통과되었고 그동안 '김영란법'(부정청탁 및 금품 등 수수의 금지에 관한 법률)에서 제기되던 미비점을 보완할 수 있게 되었다. 이런 제도적 개선에 힘입어 국제투명성기구가 발표한 2021년 국가청렴도 조사에서 전년도보다 여섯 순위를 상승했다. 즉 160개국 가운데 33위에 오르면서 최고의 기록을 세웠다. 그럼에도 불구하고 이런 제도 개선을 비웃듯이 각종 ㅂ자 병 현상이 더 심각해지고 있으니 참으로 아이러니가 아닐 수 없다.

*

최근의 ㅂ자 병 현상이 크게 우려되는 것은 세 가지 이유 때문이다. 첫째 훨씬 더 교묘한 방식으로 진화하고 있고, 둘째 훨씬 더 규모가 커지고 있으며, 셋째 대박 한탕주의 풍토에서 돌림병 수준으로 퍼지고 있다는 것이다. 왜 이렇게 됐을까?

첫째, ㅂ자 행위들이 자꾸 교묘해지는 이유는 무소불위로 이권을 강탈하던 시대와는 달리 이제는 제도적 장치를 갖추고 각종 절차가 복잡해졌고 법망도 촘촘해졌으며 감시 세력도 다양해졌기 때문이다. 대표적으로 교묘한 수법은 카르텔적인 행위다. 마치 '공사 치듯'(공들여 사기 친다는 범죄 용어) 서로 사전정보를 공유하고, 이익 구조를 미리 만들고, 정치권 인사들에게 로비하고, 불법이나 위법을 사전에 덮거나 사후에 축소하기 위해 검찰·언론·법조 인사를 끌어들이는 수법이다. 혼자 하는 게 아니라 무리가 한다. 그래서 부동산 마피아, 개발 마피아라는 말까지 등장하는 것이다.

둘째, 규모가 점점 더 커지는 이유는 사회 전체의 경제 규모가 커졌기 때문이지만, 단일 사업이 대형화되기 때문이다. 그만큼 대박을 꿈꾸는 자들이 많아졌는데, 이들은 성공 10% 또는 1%만 되어도 다른 실패를 모두 만회할 수 있다고 여긴다. 우리 사회에는 대형 건설사, 시행사, 금융기관, 대기업, 거대 공공기관이 나서는 대형 프로젝트들이 너무 많다. 재개발, 재건축, 택지 개발, 신도시, 상권 개발, 주상복합, 유통센터 개발 등이다. 대형화될수록 동원되는 자본 규모가 커지는데 자기 자본보다는 남의 자본을 쓰는 경우가 많아진다. 예컨대 금융기관의 대출은 물론이고 프로젝트 파이낸싱(PF) 기법으로 대형 자본을 동원하는 수법이 고도화될수록 ㅂ자 현상이 발생할 위험성이 높아진다.

셋째, ㅂ자 돌림병이 되어가는 이유는 앞 장에서 말했듯이, 카르텔과 마피아가 개입하기 때문이다. 복잡한 메커니즘에 얽히는 이해집단들이 다양해지고, 관계인들이 많아지면서 서로 밀어주고 감춰주며, 큰 범죄는 작은 범죄로 이어지고 작은 범죄가 큰 범죄로 이어지는 연쇄 작용이 일어나는 것이다. 최근의 경제 범죄와 개발 범죄에는 어김없이 등장하는 집단이 있다. 놀랍게도 검사·판사 등 법조 세력, 정치권 인사들, 금융기관들, 그리고 언론사들이다. 권력 주변에 있는 큰손의 그림자까지 어른거리기도 한다. 전면에 나타나는 사람들은 행동대원이거나 꼭두각시인 경우가 많다.

이런 과정에서 속절없이 당하는 이들은 개미투자자나 어떻게든 집 한 칸 마련하려는 보통 사람들이다. 정직하게 노동하고 열심히 모아서 인간다운 삶을 살고 싶어 하는 사람들이다. 언제 금리가 올라서 위험해질지 모르는데도 엄청난 대출을 안고 작은 부동산이라도 하나 마련하려는 이른바 '영끌' 세대들이기도 하다. 개발과정을 통해서 부당이익이 부풀려지고 얹어져서 시장가격이 올라가는데, 그것을 이해관계자들과 기업·금융기관·고액 투자자들이 미리 알고 막대한 이익을 가져가니 울화통이 치민다.

*

어떻게 하면 ㅂ자 돌림병을 근절할 수 있을까? 적어도 증세를 약화시킬 수 있을까?

첫째는, 한 번이라도 제대로 ㅂ자 사건의 뿌리를 파헤쳐야 한다. ㅂ자 사건이 지나치게 용두사미가 되는 것 같지 않은가? 언론에 대대적으로 보도되다가도 몸통은 건드리지도 못한 채 검찰의 수사 과정에서 눈에 띄는 몇몇만 기소되고 유야무야되는 사건이 허다하다. 희대의 개발비리 사건인 부산 엘시티 민간 개발을 둘러싼 의혹이 그랬다. 검찰이 수개월 동안 수사를 했으나, 당시 시행사 대표와 국회의원, 청와대 정무수석 등 소수만 뇌물 공여로 기소했을 뿐이다. 대출 특혜, 시행사 변경과 수많은 도시계획 변경 특혜, 분양 특혜에 연루된 내용은 전혀 건드리지 못했다. 수사를 하고도 덮었는지, 권력 실세들의 이름이 나오자 덮었는지 의심스러운 대목이 아닐 수 없다. 부산 엘시티 민간 개발에 대해서는 『김진애의 도시 이야기』에서 상세히 그 과정을 추적한 바 있는데, 수많은 의혹들 중에서도 해운대에 이 괴물 프로젝트가 우뚝 서게 된 내막은 꼭 밝혀내야 한다. 그래야 제2, 제3의 엘시티가 생기지 않는다.

2021년 하반기를 달군 대장동—화천대유 사건도 마찬가지다. 크게 세 가지 방향으로 파헤쳐야 한다. 첫째는 가장 전면에 드러난 뇌물 공여와 배임 의혹, 둘째는 '오십억 클럽'(곽상도 의원의 아들이 화천대유 퇴직금으로 50억을 수령했는데, 비슷한 사례가 더 있다는 의혹)을 둘러싼 의심스러운 검사·판사들의 전관예우와 정치 실세들의 관계, 셋째는 금융기관·대기업 등 '전주'(錢主)들의 의심스런 행각이다. 그런데 제대로 수사되고 있는가? 검찰은 가장 눈에 띄는 첫째 사안을 수사해서 기소까지 했지만, 권력형 비리로 의심될 수 있는 둘째와 셋째 사안의 수사에는 영 소극적이다.

대형 개발을 둘러싼 카르텔의 실체는 한 번이라도 뿌리째 밝혀내야 한다. 대출과 투자 등 자금의 흐름에 누가 어떤 역할을 하고 권력의 입김을 불어넣었는지, 수익을 올리기 위해 어떤 로비가 있었는지, 실제 그 수익은 누가 가져갔는지, 특혜는 누가 챙겼는지, 문제가 드러날 때 어떤 세력이 진실을 덮었는지 또는 덮고 있는지 추적해야 한다. 이것은 권력형 비리의 핵심 사안들이다. 이 부분의 실체를 밝히지 못하는 한, 정치계·법조계·언론계·금융계가 꽁꽁 얽혀 있는 카르텔은 해체될 수가 없다.

둘째, ㅂ자의 소지를 원천적으로 줄일 수 있는 제도가 마련되어야 한다. 그동안의 제도 개선이 주로 ㅂ자 문제가 드러났을 때 처벌하는 현상 대응적인 방식에 치우쳤다면, 앞으로는 원천적으로 예방할 수 있게 관행 자체를 고치는 구조적 개혁이 일어나야 한다. 대표적으로 나쁜 관행이라면 '전관예우의 신화', '국가의 독점 정당성', 그리고 '대마불사(大馬不死)의 신화'다.

'전관예우의 신화'를 과감하게 깨야 한다. 검찰·법관뿐만 아니라 행정부와 공공기관의 이직에 따른 전관예우를 원천적으로 금지하는 조치는 과도할 정도로 엄격하게 적용되어야 한다. 이는 마피아적 행태와 카르텔 구조를 깨는 데 가장 긴요한 방법이다. 최소 3년 이상 관련 분야의 민간 사업체 이직과 관련 업무 수행을 금지한다면 어떻게 될까? 로비의 유착 고리와 먹이사슬의 연쇄 작용이 끊어질 것임에 틀림없다. 이 기득권을 깨면 우리 사회의 수많은 부조리 현상을 원천적으로 막을 수 있다.

'국가의 독점 구조'를 깨고 '공공 경쟁 체제'를 도입하는 조치도 절대적으로 필요하다. 권위주의 시대에 만들어져서 당연하다는 식으로 계속 적용되고 있고, 편하다는 이유로 국가나 지자체에서도 개혁하지 않고 있는 제도들이 있다. 국가의 토지수용권은 대표적인 사례이다. 감정가로 싼 가격에 토지를 수용해서 값을 올려 민간 업체에 팔고, 그 민간 업체는 아파트를 분양하여 또 값을 올린다. 이 잘못된 관행은 언제까지 계속되어야 하나? 대량 공급이 필요했던 시대에 국가의 독점을 합리화하기 위해서 도입했던 제도가 앞으로도 유용한가? 예컨대 LH가 택지 개발과 공공주택 개발에서 우선권을 가지는 건 합당한가? 그런 독점 우선권 때문에 임직원들의 내부 기강이 흐트러지는 것 아닌가? 이명박 정부가 토지공사와 주택공사를 합쳐서 LH를 만듦으로써 독점은 더 강화된 것 아닌가? 국가기관인 LH를 견제할 수 있는 지방공사들과의 경쟁 체제를 어떻게 만들 것인가? 이런 원천적 의문을 해소하는 제도 개선이 필요하다.

'대마불사의 신화' 역시 깨져야 한다. 프로젝트가 대형화되면

배불리는 주체는 건설사·시행사·금융기관들이다. 하나를 더 보탠다면 언론사다. 광고 수익이 따라붙기 때문이다. 대형 프로젝트는 장기화되며 시민들이 심각한 불편을 겪고, 부동산 시장을 요동치게 만들어서 불안 요소를 조장한다. 도시 속에 자기들만의 성채를 만들어 양극화를 심화시키기도 한다. 또한 ㅂ자 돌림병이 발생할 위험성을 높인다. 법률가들과 사정기관 출신들과 정치권 실세들이 추악한 연결고리를 맺고, 그 냄새를 맡은 파리떼와 하이에나들이 마피아적인 활동을 펼친다.

*

원천적인 구조 개혁이 일어날 때 우리 사회의 ㅂ자 돌림병도 잦아들 것이다. 쉽지는 않지만 할 수 있다. 'ㅂ자 현상'은 인간 사회가 존재하는 한 사라지지 않을 것이다. 그러나 ㅂ자 현상은 피할 수 없어도 ㅂ자 돌림병이 되는 것은 막아내야 한다. ㅂ자 돌림병은 분노의 대상이다. 분노는 우리의 힘, 상식은 우리의 힘, 실사구시는 우리의 힘이 되리라 믿는다.

4 신계급사회

섞여 살지 않으면 창조력도 상상력도 둔화된다

양극화와 불공정이 심화되면 기어코 신계급사회를 초래하고야 만다. 지금이 옛날의 신분사회는 아니지만 우리 사회가 신계급사회가 되어가고 있다는 조짐은 곳곳에서 나타나고 있다. 계급의식의 문제, 문화 갈등의 문제, 공간 구분의 문제, 소비 차등의 문제, 인간관계의 문제, 언어 차별의 문제로 표출되는 것이다.

영화 「기생충」에는 '선을 넘는 냄새'라는 혐오를 상징하는 표현이 나온다. 오세훈 서울시장은 '강남권·비강남권'이라는 지역을 구분하며 특권의식을 드러내는 말을 버젓이 사용했다. '휴거'(LH공사의 휴먼시아라는 브랜드명에서 차용)는 공공주택을 폄하하는 속어다. '스카이'(SKY)는 특정 대학의 이니셜을 조합한 것으로 이른바 명문대학을 가리키는 속물적인 속어다. 욕망으로 가득한 이 말을 제목으로 차용한 「스카이 캐슬」이라는 드라마까지 나왔다. '인 서울 대학'은 대학을 수도권과 비수도권으로 구분 짓는 말이다. 직장에서는 비정규직을 차별하고 비하하며, 학교를 학군으로 나누어 서열화한다. 모두 우리 사회에 팽배한 계급의식을 보여주는 현상이다.

　인간은 본디 속물적 성격을 가지고 있는지라 나누고, 분류하고, 구별하고, 특권을 은근히 과시하는 성향이 있음을 부인할 수는 없다. 다만 그런 유형의 인간들이 있다 하더라도 그런 행태를 비판하고 견제함으로써 스스로 절제하게 만드는 건강한 사회가 되어야 한다. 최소한의 윤리가 살아있는 사회에서는, 적어도 공적 영역에서는 천박한 계급의식을 드러내지 않고 속마음을 누르고 건방 떨거나 갑질하지 않으며 행동거지를 조심하도록 하는 규범이 정상적으로 작동한다. 신계급사회가 진행된다는 징후는 이런 규범이 깨지고 있다는 데에서 나타난다. 천박한 자본주의적 행태와 속물적 행태에 대해서 비판하는 척하면서도 은근히 계급성을 띄우는 현상이 바로 그것이다. 언론 미디어가 자정 장치로 작동하기보다는 계급성을 선정적으로 부추기고, 특히 마케팅 상술까지 엮어서 계급 분화를 강조하고 있으니 씁쓸하기만 하다.

*

　신계급사회가 구조화되지 않도록 하는 데 가장 중요한 영역은 주거와 교육이다. 일터(노동업무 현장)와 놀터(소비 놀이 영역)에서도 잘못된 계급성이 드러나거나 말도 안 되는 가혹 행위가 일어나기도 하지만, 그나마 지켜야 할 사회 규범에 대한 공감대가 형성되어 있는 편이다. 개인의 선택에 대한 재량도 있는 편이고 제도적으로 억지할 수 있는 법규도 있다. 하지만 주거와 교육 현장에서의 계급성 문제는 일상 곳곳에서 일어나고 있다. 더욱이 어릴 때부터 자칫 체화될 위험이 높기 때문에 자못 심각하다.

어떤 아파트에 사느냐, 어떤 동네에 사느냐, 심지어 어느 동에 사느냐, 어느 층에 사느냐에 따라 계층을 나누려 들고, 같은 단지 안에서도 평형에 따라 층하를 두고, 같은 아파트에서도 자가냐 임대냐에 따라 차별하려 한다. 우리는 뉴스에서 일부 사람들이 가난한 집의 아이와 놀지 못하게 하고, 임대주택에 드나드는 길을 통제하고, 어린이 놀이터마저 같이 사용하지 못하게 하는 등의 몰상식한 행동을 보곤 한다. 이게 정말 대부분의 주민들이 원하는 바일까? 아니면 잘못된 계급성을 드러내는 일부 사람들이 전체 분위기를 좌우하는 것일까? "그게 소비자들이 바라는 바다. 자기네들만 끼리끼리 살고 싶어 하고, 담장 치고 게이트를 달고 싶어 하고, 따로 학교 다니고 싶어 한다. 그런 단지들이 분양도 잘되고 아파트 가격도 오른다. 그러니 그렇게 지을 수밖에 없다." 분양업자, 부동산 중개업자, 건설업자, 부동산 마피아들은 버젓이 이런 말을 한다. 그러면서 울타리로 성곽을 쌓고 '게이트'라는 이름으로 성문을 만들고 성 안의 사람에게만 천국인 단지를 만들었다고 광고하며 소비자들을 유혹한다.

상식을 가진 시민이라면, 더욱이 아이들이 건강하게 자라기를 바라는 부모들이라면 단호히 그런 유혹을 뿌리칠 수 있어야 한다. 신계급주의적 의식에 사로잡힌 어른들은 스스로의 심성을 망칠 뿐 아니라 아이들의 미래까지도 망치기 쉽다. '사회화'(socialization)란 아이들이 자라면서 익혀야 하는 아주 중요한 경험이다. 어려서부터 다양한 자극을 받은 아이들은 스스로 과제를 소화하는 능력과 분별하는 판단력을 키우고, 다른 사람들과 섞이며 여러 상황 가운데 공감을 배우고 감정을 조절하는 능력을 지니게 된다. 가장 중요한 것은, 다양한 자극을 통해서 틀에 박힌 상투적 즐거움이 아니라 신선한 재미를 찾으면서 상상력과 창의력을 기른다는 점이다. 물론 그 과정에서 면역력을 기르며 문제에 대응하고 해결하는 능력을 키운다.

한 아이 가정이 많아지는 세태에서 아이가 안전한 집 안에 고립되는 게 아니라 동네와 학교와 도시의 생생한 면모를 탐험하면서 섞여 살아야 하는 이유다. 섞여서 나누고 살아야 생명력이 샘솟고 흥미로운 자극을 받을 수 있다. 여전히 끼리끼리만 성곽 안에서 살고 싶어 하는 사람들에게 말하고 싶다. 본인이 혹시 그런 성향이 있다 하더라도 아이들은 그런 절대보호 환경에서 혼자 자라게 하면 안 된다.

*

나는 1977년에 '소셜 믹스'(social mix, 사회적 융합)를 주제로 석사 논문을 썼는데, 당시는 강남 개발이 본격화되면서 반포와 잠실 등 아파트 단지를 대규모로 조성해 주택을 공급하려던 즈음이었다. 그때 소셜 믹스를 본격 시작했다면 아파트 단지 안에서도 도시의 여느 동네처럼 자연스럽게 섞여서 사는 생활 양태가 자리 잡았을 것이다. 적어도 지금처럼 단지 배타주의가 심해지지는 않았을 것이다.

사실 그리 어려운 일이 아니었다. 큰 평형과 작은 평형을 섞고, 자가 분양주택과 임대주택을 섞으면 되었던 것이다. 지금처럼 계층 위화감이나 부동산 양극화가 심한 때도 아니었고 여러 계층이 섞여 사는 삶을 자연스럽게 받아들이던 시절이었다. 게다가 가장 앞장서서 추진했던 아파트 공급 주체가 대한주택공사였다. 국가의 자금과 토지수용권과 분양통제권을 가지고 강력하게 목표를 설정했더라면 충분히 추진할 수 있었다. 그런데 왜 그렇게 하지 못했을까? 아니, 왜 안 했을까?

첫 단추 자체가 잘못 꿰어진 데는 여러 이유가 있었다. 당시의 건설 기술로는 동일 평형을 몰아 지어야 원가를 줄일 수 있고, 아파트 규모별로 공간을 구분해야 분양과 관리가 용이하다는 계산을 했다. 무엇보다도 박정희 정부는 토지 사업과 아파트 분양 사업으로 돈 벌 거리를 만드는 데 올인했고, 1가구 1주택이라는 정책 목표를 통해 부동산 시장을 활성화하고 그것을 도시 개발과 경제 개발을 촉진하는 수단으로 삼았다. 그 시절에는 사회 안정과 주거 안정을 위해 공공임대주택을 공급한다는 개념 자체가 없었다. 아파트살이에 대한 거부감조차 있던 그때 강남 개발을 촉진하기 위해서 명문고들을 이전하고 강남 학군을 만든 것도 그런 의도의 일환이었다.

잘못 꿰어진 첫 단추가 그 이후 우리 사회에 남긴 부작용은 심각했다. 아파트 단지 개발, 신도시 개발, 재개발과 재건축 단지 개발이 이어지고 민간 사업자의 영역이 커지면서, 단지 배타주의와 단지 이기주의는 점점 더 심각해지는 방향으로 전개되어왔다. 어떤 시대 어떤 사회에서도 빈부 격차는 있지만, 빈부 계층화가 고착되고 그 계급주의가 일반적인 사회심리가 되어버리고, 그 정도가 두드러질 정도라면 심각한 문제다.

적어도 현 시점에서 아주 다행스러운 변화도 있다. 신계급사회가 우려되면서도 소셜 믹스를 안착시킬 수 있는 가능성이 보인다는 점이다. 첫째, 전반적으로 문화적·소비적 수준이 높아지고 있다. 중산층의 삶의 수준이 보편화되고 있다는 사실이 소셜 믹스의 장벽을 낮춘다. 둘째, 대형 아파트를 선호하던 예전과 달리 가구 수가 줄어들면서 이제는 25평(85제곱미터)이나 18평(60제곱미터) 국민주택 규모로도 만족하는 이들이 많아졌다. 1인

가구를 위한 소형 원룸도 보편화되고 있다. 그만큼 소셜 믹스가 용이해졌다는 얘기다. 셋째, 건축기술이 발전하면서 여러 평형을 같은 건물 안에 섞는 것도 자연스럽게 소화할 수 있게 되었고, 전체적으로 건축의 질이 향상되었다는 사실도 좋은 신호다. 초상류층을 위해 최고급 자재로 호화롭게 지은 초고층 아파트나 주상복합이 아니더라도 견실하고 근사하게 일반 분양 아파트와 임대 아파트들을 지을 수 있는 수준에 도달했다.

내가 도시에서 대형 아파트 단지보다 도시형 아파트(길을 따라 들어서며 복합 용도가 가능한 건물 단위 아파트)가 도시적 삶에 훨씬 더 바람직하다고 주장하는 것도 이런 이유다. 대단지 개발은 대기업과 대형 시행사의 횡포와 상업주의에서 벗어나기 어렵다. 하지만 도시형 아파트는 공공과 민간의 파트너십을 통해 역세권에 복합적인 업무 공간도 제공하면서 청년 주택과 1인·2인 소형 주택까지 수용할 수 있는 여지가 많다. 실제로 그 안에서 자가로 살든 임대로 살든, 큰 평형에서 살든 작은 원룸에서 살든 서로 지킬 것 지키며 사회적 계급 같은 것은 신경 쓰지 않고 살 수 있는 도시건축 형태다. 소셜 믹스를 이룰 뿐 아니라 직주근접(직장과 주거지가 가까운 것)도 이루고 시민들이 사용할 수 있는 커뮤니티 시설까지 확보하는 이점도 있다. 유럽을 비롯해 세계의 많은 도시들에 보편화되어 있는 주거 형태다. 고밀개발과 복합 기능으로 직주근접과 소셜 믹스를 자연스럽게 이룰 수 있기 때문이다.

향후 소셜 믹스가 우리 사회에 자연스럽게 뿌리내려도 1% 초상류층은 여전히 자신들끼리 철옹성을 쌓고 살지도 모른다. 영화「기생충」에 나오는 것처럼 높은 담장과 CCTV에 둘러싸인 채 호화 인테리어와 푸르른 잔디밭을 누리고, '선 넘는 냄새'를 풍긴다고 질색하면서도 가사도우미와 기사를 부리며 살 것이다. 그러면서도 정작 자기네 집 지하에는 누가 숨어들어 살고 있는지도 모른 채, 언제 어떤 재앙에 맞닥뜨릴지도 모른 채 살아갈지 모른다. 영원한 자기 존속을 꾀하면서도 어느 순간 자기 파멸로 치달을지 모르는 1%의 그들처럼 될 수는 없지 않은가?

우리 사회의 99% 사람들은 소셜 믹스 속에서 인간 사회 본연의 모습을 지키며 살아갈 것이다. 그렇게 소셜 믹스가 이루어지는 동네에서 우리의 미래 세대들이 때로는 혼선도 겪고 때로는 불편도 겪을 수 있지만, 다양한 자극을 경험하면서 건강하게 자라기를 바란다. 더불어 살면서 우리 자신과 사회를 성장시키는 상상력과 창의력을 키워보자.

5 부동산 생태계
'똘똘한 한 채'에 집착하지 않게 하자

"부의 이전이 전반적인 사회 계층화를 초래하는 핵심 메커니즘이 되어가고 있다. 이제 더 이상 증여를 가장해 부유한 사람들이 자녀에게 부를 전달하는 수단으로만 바라봐서는 안 된다. 부의 대물림은 점차 사회경제 스펙트럼 전반에서 부를 기반으로 하는 불평등과 자산을 기반으로 하는 계급 지위를 재생산하는 데 있어서 중요한 변수 역할을 하게 되었다."

모두들 부동산으로 재산을 증식하려 하고, 가진 자와 못 가진 자의 격차가 심각해지는 우리 사회의 모습을 꼭 집어서 말하는 것 같지 않은가? 그런데 위의 인용은 호주의 자산 불평등 이슈를 제기한 책 『이 모든 것은 자산에서 시작되었다』(리사 앳킨스 외 지음)에 나오는 한 대목이다. 세계 각국에서 양극화를 가속시키는 주범은 다름아닌 부동산 자산이다. 나라마다 사정은 다르지만 코로나 위기 이후에 더해지고 있는 현상이다. 특히 경제 선진국일수록 이런 현상은 심화되고 있다. 불행히도 대한민국도 그중 하나다. 망국적이라 비판받던 '부동산 공화국'의 악몽이 또 다른 양상으로 반복되고 있는 것이다.

부동산만큼 우리 사회를 달궈온 이슈도 없다. 1970년대 이후 도시개발이 본격화된 이후 급등과 침체의 사이클을 겪어 왔다. 지난 몇 년 동안은 '어떤 정책으로도 막지 못하는 아파트 값 앙등'을 목도했다. 문재인 정부의 정책 실패라고 거세게 비판하지만 사실 근래의 부동산 앙등은 훨씬 더 큰 거시적인 변수들로 생긴 문제라고 보는 게 맞다. 부동산 시장의 부침은 언제나 거시적인 흐름에 의해 더 큰 영향을 받으며, 정책적으로 조정할 수 있는 여지는 상대적으로 적은 게 현실이다.

나의 관점은 부동산 가격 폭등이라는 당장의 불만 자체보다 우리 사회의 주택 생태계, 부동산 생태계를 어떻게 건강하게 만드느냐에 있다. 부동산 시장은 필연적으로 등락을 거듭하게 마련이다. 거품을 덜 만들거나 효과적으로 걷어내는 정책도 필요하고(노태우 정부, 노무현 정부, 문재인 정부), 급락하지 않게 연착륙을 고민하는 정책도 필요하고(이명박 정부), 필요할 때는 부동산 경제를 활성화하는 정책도 필요하다(김대중 정부, 박근혜 정부). 다만 경기적인 부동산 이슈보다는 전반적이고 지속적인 주택 안정화 정책이 본질이라는 사실을 잊지 말고 이 문제를 대하는 태도가 필요하다. 이 장에서는 약간 형식을 달리하여 질문과 대답으로 부동산 관련 이슈를 차근차근 풀어보자.

1. 작금의 부동산 앙등은 우리 사회만의 문제인가?

그렇지는 않다. 부동산 거품은 전 세계적으로 특히 선진국과 리딩 도시들에서 겪는 문제다. 미국은 2020년 한 해 동안 주택 중위 가격이 26% 올랐을 정도이니 고가 주택이나 과열 지역의 가격 상승은 상상을 초월할 것이다. 블룸버그 통신은 2021년 6월 선진국 23개국을 대상으로 부동산 거품을 분석해서 발표했는데, 주택 가격 상승 순위에서 대한민국은 19위에 올랐다. 뉴질랜드와 캐나다와 스웨덴이 가장 거품이 많고, 미국과 영국이 위험 수위에 올라 있고, 독일·오스트리아·노르웨이·덴마크·프랑스 등도 크게 상승했다. 물론 이것은 평균지수일 뿐이고 과열 지역, 특히 대도시권의 가격 상승은 그야말로 고통스럽다. 런던과 베를린은 우리의 서울과 수도권 양상처럼 주택 가격이 무섭게 오르고 있다.

2. 그렇다면 이번 부동산 앙등의 원인은 무엇인가?

첫째는 초저금리와 엄청난 자금 유동성이다. 아이러니하게도 코로나 위기가 부동산 거품을 부풀렸다. 각국에서 초저금리 정책을 채택하여 막대한 국가 재정이 풀렸고, 이 자금이 부동산과 주식 시장에 몰린 것이다. 이자 부담이 낮아지니 대출을 끼고 매수하는 현상이 불붙었다. 박근혜 정부 때부터 '빚내서 집 사라' 할 정도의 대출 완화, 특히 전세 대출 증가는 금융기관의 돈벌이 수단이 되면서 부동산 열풍의 땔감이 되었다.

둘째는 역시 부동산 상승에 대한 기대 심리다. 일단 높은 가격이 형성되고 상승세가 되면 너나 할 것 없이 시장에 뛰어들어 장작 때듯 돈을 넣으면서 부동산 가격을 밀어 올리는 바람이 분다. 고가·중가·저가 시장 할 것 없이 열풍이 불지만, 특히 선호 지역(강남·서울·수도권 등)의 고가화 현상이 두드러지고 이것이 전체 시장에 영향을 미친다.

셋째는 부동산 시장에 유입된 새로운 수요자다. 그동안 주택 시장에 뛰어들지 않았던 20~30대의 새로운 유입이다. 이 흐름을 타지 못하면 낙오할지도 모른다는 불안감, 일부 투기 성공 사례들, 낮은 대출 금리가 그들을 움직이게 한다. 물론 '부모 찬스'를 이용하는 부유층이 늘었다는 사실도 작용한다. 주택청약제도를 활용하기 위해서 청년 세대들이 1인 가구로 독립하는 흐름도 새로운 수요의 규모를 키우고 있다.

3. 그러면 이 부동산 거품은 언제까지 지속될까?

많은 사람들이 의문을 품는다. 계속 상승할까? 그렇게 올랐는데 이미 고점을 찍은 것 아닐까? 혹시 거품이 꺼지며 내리막세가 되지 않을까? 만약 급락세가 되면 감당할 만한 수준일까? 지금 집을 사면 혹시 상투 잡는 것이나 아닐까?

많은 전문가들이 예측하는 대로 코로나 위기가 진정되는 국면에서 기본 금리를 올리지 않을 도리가 없고 막대하게 풀린 재정을 회수하는 조치는 불가피하다. 각국에서 이미 준비하고 있거나 시행하고 있는 조치다. 기본 금리가 올라가면 대출 금리가 올라가고 대출 규모도 줄어들게 된다. 이자비용이 늘어나면서 매수세가 줄어들고 상승세가 하락세로 꺾이면 매도세가 늘어난다. 한 번 꺾인 가격은 도미노 현상을 일으킬 수 있다. 이 징조는 2021년부터 벌써 일어나고 있으며 얼마나 가속도가 붙을지는 누구도 단언할 수 없다. 정부로서는 서서히 거품이 빠지는 연착륙을 고민해야 하고, 2008년 금융 위기 때처럼 부도와 경매 등 부동산 폭락이라는 경착륙이 일어날지도 모른다는 불안한 전망에 잘 대비해야 한다.

4. 나는 이 거품에 올라타야 하는가?

시민 한 사람 한 사람, 특히 무주택자라면 모두 이 의문에서 벗어나지 못한다. 첫째, 실수요자이고 지나친 대출 없이 매입할 수 있다면 사도 좋다. 자칫 눈덩이처럼 늘어날 대출 이자 빚에 내몰릴 수 있으니 신중해지라는 얘기다. 둘째, 더욱이나 집이란 평균 8~10년 이후에 팔게 된다. 매도 시점을 고려하고 매수해야 맞다. 부동산 단기 투기란 웬만한 고수가 아니면 하기 어려운 일이다. 셋째, 정부가 추진하고 있는 대량의 주택 분양이 기다리고 있다. 향후 3년여 동안 이루어질 대량 공급 사이클에서 훨씬 더 합리적인 가격으로 주택을 구입할 수 있게 된다.

5. 부동산은 과열과 침체 사이클을 반복한다. 지금은 어떤가?

현재의 부동산은 과열 사이클의 막바지를 지나는 중이다. 박근혜 정부 후반기부터 상승 사이클이 7년여 이어져왔는데, 계속 지속되기는 어렵고 이미 하강 사이클로 접어드는 전조가 나타나고 있다. 1998년 외환위기로 부동산이 급락한 후에 급반등한 부동산이 2003년에서 2009년까지 7년여 상승세를 이어갔다. 그러다 2008년 금융위기로 세계 부동산이 급락한 여파가 하강 사이클을 만들고 2015년부터 다시 시작된 상승 사이클이 지금까지 이어지고 있다.

부동산은 우리 사회에서 이슈가 아니었던 적이 없다. 사람들 머릿속에는 '부동산 불패'가 자리 잡고 있겠지만, 상승과 하강 사이클이 반복되는 게 부동산 시장이다. 상승 사이클일 때는 분양 열풍과 투기 열풍과 가격 상승과 전세난이 문제가 되고, 하강 사이클에는 미분양과 깡통 전세와 역전세난이 문제가 된다.

6. 부동산에 대한 불만을 완전히 없앨 수 있을까?

근본적으로는 불가능하다. 부동산 문제는 정도의 차이가 있을 뿐 모두가 불만을 가질 수밖에 없다. 집 없는 사람은 집값 올라서 불만, 집 있는 사람은 집값 떨어질까 봐 걱정한다. 임차인은 임대료가 천정부지로 오를까 봐, 속절없이 쫓겨날까 봐, 전세금 떼일까 봐 걱정해야 하고, 임대인은 전세값 떨어질까 봐 또는 필요할 때 계약 해지 못할까 봐 걱정한다. 아파트 분양 청약에서 계속 떨어지는 사람은 각종 우대조치들이 불만, 어쩌다 당첨에 가까워진 사람들은 우대조치가 줄어들까 봐 걱정, 1인 가구들은 청약에서 불이익을 받아 불만, 자기 집을 마련한 사람도 더 큰 집으로 이사하기가 아득해서 불만이다. 이처럼 부동산에 얽힌 근심은 5천만 인구보다 더 다양하다고 해도 과언이 아니다.

이 모든 불만들을 일거에 해소할 방법은 없다. 언론에서 특정 불만 사례를 집중 보도하곤 하는데, 막연히 불만을 부풀리려는 의도가 아니라면 관련 뉴스를 좀 더 정책적으로 균형 잡힌 시각에서 다룰 필요가 있다. 더욱이나 언론을 통해 나오는 불만은 왕왕 투기 세력, 부동산 세력의 이익에 따라 편향되는 경우가 많다. 이른바 대박 투자 사례를 소개하는 것은 부동산 시장을 떠받들고 띄우려는 의도로 기획되는 것과 다르지 않다.

7. 부동산 정책은 '금융-조세-주거' 세 가지 정책이 기본이다

'부동산 정책'이라는 말을 많이 쓰지만 애당초 정책이 따로 있는 건 아니다. 세 축을 이루는 '금융-조세-주거' 정책이 기본이고, 이외에도 '개발 정책, 균형발전 정책, 산업 정책, SOC(주요 시설 등 사회간접자본) 정책' 등이 큰 영향을 미친다. 부동산 대책을 발표한다고 기획재정부가 나설 때가 많은데, 그 내용은 대출과 금리에 대한 규제와 인센티브, 세금 부과와 인센티브, 그리고 주거공급에 대한 내용이 대종을 이룬다. 하지만 부동산 시장은 훨씬 더 많은 변수들에 의해 움직인다. 부동산이라는 용어는 사실 시장에서나 쓸 말이지 공공부문에서 쓸 말은 아니다. 기본적인 정책 틀 안에서 꾸준하게 적용할 방안과 제도를 차분히 추진하는 것이 바람직하다.

8. 금융 정책은 거시적 흐름에 가장 큰 영향을 받는다

금융 정책은 기본적으로 금리와 대출의 역학인데, 거시적 흐름에 영향을 받지 않을 수 없다. 초저금리가 계속되면 그에 따라서 기본 금리가 상승하면 그에 따라서 흐름을 탈 수밖에 없다. 부동산 가격만 잡자고 금융 정책을 펼 수도 없고 부동산만 띄우자고 금융을 풀 수도 없다. 이자 비용과 대출 문턱을 낮출 때는 부동산 경기를 띄우려고 할 때이고, 그것을 높일 때는 부동산 거품을 걷으려 들 때다. 거시적인 제약 속에서 어떻게 세부적으로 조율하느냐가 관건이다. 예컨대 코로나로 풀렸던 가계 대출을 다시 조이는 시기로 들어간 지금, 그중에서도 실수요 전세 대출과 주택담보 대출을 어떻게 조정하느냐에 따라 부동산 시장에 큰 영향을 미치게 된다.

9. 조세 정책: 보유세는 올리고 거래세는 낮추고

부동산 과세의 기본 방향에 대해서는 보수건 진보건 이미 공감대가 형성되어 있다. 보유세(재산세와 종합부동산세)는 올리고 거래세(취득세와 양도소득세)는 낮추는 것이다. 대부분의 선진국들이 채택하고 있는 과세의 원칙이다. '소득 있는 곳에 과세, 불로소득에는 누진 과세, 탈세는 끝까지 징구'라는 원칙도 서 있다. 이런 합리적 원칙을 공유하면서도 각론에는 왜 그리 갑론을박이 많을까?

첫째는 세금 인상의 주 대상이 되는 자산 상위층의 반발이 크고, 보수 언론과 보수 정당이 그것으로 반발 여론을 키우기 때문이다. 둘째는 세금 인상 자체에 대한 일반적 반감으로, 자산 상위층의 반발을 마치 자신의 문제로 동일시하는 현상이 적잖이 있다.

종합부동산세 사안이 대표적이다. 재산세가 모든 부동산 소유자에게 적용되는 반면, 종부세는 고가 주택을 소유하거나 다주택자에게 누진 과세되는 세금으로 상위 2% 내외의 소유자에게만 적용된다. 그런데도 종부세가 적용되지 않는 납부자가 왜 종부세 인상에 반대하는 여론조사가 나올까? 종부세는 보유세 성격이므로 원론적으로는 재산세로 통합하는 것이 바람직하지만, 재산세가 지자체에 귀속되므로 부자 지자체와 가난한 지자체 사이에 부익부 빈익빈을 가속시킬 위험이 있는 반면 종부세는 중앙정부에 귀속시켜 세수 기반이 낮은 지자체를 지원하거나 주택 복지 서비스 확대 등에 쓰일 수 있는 이점이 있다. 이런 효과에 대한 공감대를 넓히는 공공의 설득력이 높아져야 하는 대목이다.

10. 주거 정책: 예측 가능한 공급과 건강한 주택 생태계

주거 정책은 그 자체로 복지와 사회 안정이라는 측면에서 추진되는 것이 맞다. 불행히도 주거 공급은 항상 부동산 동향과 맞물리고 부동산은 워낙 국민적 관심사이기 때문에 그 영향에서 벗어나지 못한다.

주거 정책이라는 관점에서는 주택 생태계의 건강성 유지가 무척 중요하다. 생태계란 어느 하나의 종으로만 이루어지는 게 아니라 다양한 종이 서로 협력하고 경쟁하며 자기 역할을 해야 건강한 생명력을 유지한다. 예컨대 고가 아파트만 있어서는 안 되고 중저가 아파트도 있어야 하고, 연립주택, 다세대 주택, 다가구 주택도 있어야 하고, 원룸도 오피스텔도 복합 주택도 있어야 한다. 워낙 중요한 사안이니만큼 뒤에 다시 거론하겠으나 자가 주택과 공공임대와 민간임대가 만드는 건강한 생태계도 꼭 필요하다.

11. 부동산 불로소득의 과세와 부당이익 환수

'부동산 공화국'이란 그 이름 자체만으로도 부끄럽지만 그야말로 망국적인 현상이다. 불로소득에 대한 기대를 높여서 보통 시민들의 일할 의지를 떨어뜨리고, 부동산 마피아들에게는 부당이익을 좇는 'ㅂ자 돌림병'을 만든다.

너무 높은 지대(地代, 땅과 공간을 사용하는 데 치르는 비용)는 경제 운용에 큰 부담이 되고 사회의 비생산을 높이며 극심한 양극화를 가져온다. 주택 임대료 상승은 가계에 부담을 주고 가용 소득을 줄여 경제 활성화의 걸림돌이 된다. 상업 공간의 임대료 상승은 중소기업과 소상공인의 비용을 높여서 물가 상승을 일으키고 상승분을 견디지 못해 폐업이 속출하게 된다. 개성 있는 작은 가게들이 들어서서 특색 있는 동네를 만들며 활성화되었는데 갑자기 부동산 투기 열풍이 불어 새로운 건물주들이 들어와 임대료를 인상하는 횡포를 부린다. 그러면 작은 가게들은 견디지 못해 떠나고 고가의 브랜드 상점들이 들어오는 이른바 '젠트리피케이션' 현상이 일어나면서 뜨던 동네가 몰락한다.

확실히 제동을 걸어야 한다. 적절한 이익은 보장하되 지나친 이익 추구에는 제동을 걸어야 한다. 재건축 초과이익환수제가 대표적인데, 앞으로는 양도 차익에 대한 누진 과세, 민간의 개발분담금 확대, 규제 완화로 인한 추가 이익의 공공 기여 등과 같은 제도 개선이 필요하다. 물론 부당이익은 단호히 환수하는 대책이 필요하다.

12. '주택청'과 '부동산정보분석원' 신설이 필요하다

부동산 이슈가 뜨거워진 이후 제도를 개선하려는 다양한 제안이 나오는 것은 다행스럽다. 늦었지만, 늦었다고 할 때가 가장 빠른 법이다. 나는 주거 안정성을 담보할 수 있는 '주택청'과 부동산 불로소득과 부당이익을 막을 수 있는 '부동산정보분석원'을 선호한다.

왜 주택청인가? 국토교통부를 '주택도시부'로 명칭을 바꾸자는 제안도 있지만, 국토교통부는 주택도시부보다 훨씬 더 큰 업무 영역을 포함한다. 더구나 주택 정책은 지루할 정도로 꾸준하고 끈기 있게 시행해야 하고, 지자체와 공공기관과 연계시키는 현장의 작업이 절대적으로 필요하다. '부'가 아니라 '청' 차원의 현장적 접근이 바람직한 이유다. 해야 할 과제는 엄청나게 많다. 주택 현황 통계, 지역별 주택 건설 실적, 공공 및 민간 임대주택 현황, 임대료 분석, 임대 분쟁 조정, 공공임대주택 관리와 복지 연계 등 현장 자료를 통해 문제를 정교하게 분석하고 실천해나가야 한다.

왜 부동산정보분석원인가? 부동산 투기와 비리에 분노하여 '부동산감독원'을 신설하자는 의견도 있으나 금융감독원처럼 부동산 거래를 감독의 대상으로 보는 것은 바람직하지 않다고 본다. 다만 거래정보에 대한 분석은 철저하게 이루어져야 사전 예방도 사후 처벌도 가능하므로, '금융정보분석원'처럼 부동산정보분석원이 필요하다. 부동산 거래를 실시간으로 모니터할 수 있고, 주택뿐 아니라 토지, 상업 등 다른 기능까지도 면밀하게 분석하고 그를 토대로 정책을 구체적으로 조율할 수 있기 때문이다. 실사구시를 위한 주택청과 부동산정보분석원 신설은 나의 오랜 희망이기도 하다.

*

나는 부동산이란 말을 정말 안 좋아한다. 그 대신에 '부동산 생태계, 주택 생태계'라는 말을 즐겨 쓴다. 그리고 부동산이 아니라 주거 안정 정책에 모든 노력을 집중해야 한다고 말해왔다. 주거 안정을 이루는 주택 생태계를 어떻게 조화롭게 만드느냐라는 구시 목표로 제대로 실사해야 한다. 이를 위해서 몇 가지 생각을 더 보태보자.

13. 주택보급률 100%를 훌쩍 넘긴 시대다

정말 열심히 지어왔다. 2백만 호 건설, 신도시들, 재개발, 재건축, 택지개발사업, 도시개발사업, 주상복합 개발, 다세대 다가구 주택 건설 등을 통해서 우리 사회 전체적으로 주택보급률 100%를 넘긴 지도 십년이 지나, 이제 평균 105%다. 공가율(사람이 살지 않는 집의 비율)을 감안하면 보급률 110% 정도를 주택시장 안정 수준이라 보는데, 이 수치에 다가가고 있으니 한숨 돌릴 만하다. 국토교통부 자료에 따르면 110%를 넘긴 광역단체들도 많고(경북·경남·전북·전남·충북·충남·강원·제주·울산·세종시), 105% 정도 되는 광역단체(광주·부산·대구)도 있다. 부동산 가격 앙등에 시달리는 수도권에서는 경기도가 102%, 서울이 96%이고 대전과 인천이 100%를 넘겼다. 그러니까 적어도 집이 모자라 더 빨리 더 많이 공급해야 한다는 말은 이제 성립되지 않는다.

다만 주택 수요에 대한 내용 변화가 뚜렷하다. 품질 좋은 집(또는 가격 높은 집, 가격 올라갈 집)을 원하는 수요가 급증한 것이다. 특히 신규 아파트 또는 재건축 재개발 지역에 몰린다. 물론 실수요도 있지만 부동산 과열 상황에서는 투기 열풍이 상당히 작용하고 있는 수요이기도 하다. 인구는 줄어들고 있지만 세대 수가 늘어나는 것 역시 큰 변화다. 청년 가구, 1인 가구, 독립 실버 가구가 늘어나는 것과 비례한다. 1인 가구가 전체 가구의 1/3을 넘는 사회에서 이제 주택 정책과 제도의 변화가 필요하다.

14. 주택 생태계: 자가 보유·자가 점유·민간임대·공공임대

세계 어디에도 자가 보유 100% 사회는 없다. 세계 어디에도 공공주택 100% 사회 역시 없다. 사회주의 국가에서도 자가를 허용한다. 자본주의 국가에서 자가 보유율은 65% 정도가 대체적 상한선이다(이탈리아·스페인·포르투갈 등 라틴 유럽 몇 개국이

75%가 된다). 경제 선진국에서는 캐나다·미국·영국·프랑스·호주 등이 65% 내외로 가장 높다. 신기하게도 독일의 경우 52% 정도로 자가 보유율이 가장 낮은데 오스트리아와 스위스도 50% 중반이다. 대한민국은 일본과 비슷하게 62% 내외다.

집을 소유하면서도 여러 이유로 자기 집에 살지 않는 사람들도 많아서 자가 점유율은 자가 보유율보다 항상 5~8% 떨어진다. 이동성이 높은 대도시일수록 자가 점유율이 낮은데, 서울의 경우에는 훨씬 더 낮아서 50%를 밑돈다. 그러니까 서울에서 두 가구 중 한 가구는 임대로 거주한다는 뜻이다.

임대주택 하면 공공임대를 제일 먼저 떠올릴 텐데 우리 사회의 공공임대 비율은 부끄러울 정도로 낮다. 노태우 정부 이래 열심히 짓기는 했으나 일정 기간이 지나면 분양으로 전환하는 임대주택들이 워낙 많아서 전체적인 공공임대 비율은 아직도 8%에 불과하다. 국력과 비교할 때 터무니없이 낮은 비율이다. 그럼 나머지는 어디에 살까? 작게는 30~35%(대도시권), 많게는 40~45%(수도권)가 민간임대주택에서 산다. 우리 사회 특유의 전세 제도 때문에 생기는 현상이고, 아파트만이 아니라 다가구 주택, 다세대 주택, 단독 주택 등 비아파트 수요가 존재한다는 증거이고, 최근에는 오피스텔, 원룸, 소형 아파트들에 투자 수요가 몰리는 이유이기도 하다.

'주택 가격 안정화'와 '주택 시장 안정화'가 주거 안정 정책의

두 축인데, 두 마리 토끼를 다 잡으면 더할 나위 없이 좋다. 두 축이 서로 맞물리는 부분이 있지만, 선후를 꼽으라면 분명 주택 시장 안정화가 먼저다. '사는 상품으로서의 주택'이 아니라 '사는 공간으로서의 주택'이 더 중요하기 때문이다.

15. 바람직한 자가 보유·자가 점유·민간임대·공공임대 비율은?

코로나 위기 속에서 부동산 가격 앙등과 임대시장 불안으로 곤욕을 치르는 국가들에서 주거 안정화를 위한 여러 방책들이 채택되고 있다. 주택 건설 실적이 떨어졌던 미국에서는 발 빠르게 주택 공급을 촉진하는 한편 코로나 실업으로 인한 임대료 미납자에 대한 퇴거를 금지했다. 또한 여러 국가들이 임대료 통제에 나서고 있다. 베를린에서는 거대 민간임대주택 사업자들의 임대료 인상 횡포를 견디다 못해, 24만 호의 민간임대주택을 국유화하여 공공임대로 전환하는 시민청원이 의회를 통과한 바 있다.

위기로 치닫기 전에 바람직한 자가·민간임대·공공임대의 균형 목표를 세울 필요가 있다. 우리 사회에서 궁극적으로는 자가(보유/점유)주택 60~65%, 민간임대주택 20~25%, 공공임대주택 15~20% 비율이 적절하다고 본다. 공공임대주택 비율을 지금의 8%에서 15% 수준까지 얼마나 빠르게 올리느냐에 따라 주거 안정성은 높아진다. '토지임대부 공공주택'(건물만 분양하고 토지는 분양하지 않는 방식으로 분양가를 낮추는 효과가 있는 제도)과 '환매조건부 공공주택'(공공기관이 다시 매수하는 조건으로 공공주택의 재고를 확보할 수 있는 제도)과 같은 방식이 활성화된다면 20%까지도 바라볼 수 있을 것이다. 자가 보유만이 아니라 최대한 자가 점유가 가능한 시스템을 만들어야 한다.

보유세는 올리되 거래세를 낮추는 조세 정책이 필요한 이유이다. 똘똘한 한 채를 부추기는 현상도 억제해야 한다. 민간임대는 주택 시장 안정화의 완충 역할을 한다는 점에서 중요하다. 단기 투기를 일삼는 투기적 다주택자는 강력히 규제하되, 임대주택을 장기간 안정적으로 공급하는 민간임대를 정규 주택 시장 안에 포함하여 잘 관리할 필요가 있다.

16. '똘똘한 한 채'를 부추기는 현상을 경계해야 한다

최근 주택 시장의 변화를 보면 똘똘한 한 채를 선호하는 현상이 두드러진다. 고가 주택의 시세가 훨씬 더 가파르게 오른다는 사실이 가장 큰 이유이겠으나, 1가구 1주택에 대한 과세 인센티브와 다주택 보유자에 대한 과세 강화 때문에 생긴 부작용이다. 1가구 1주택 장기 보유자라면 고가 아파트(시가 15~20억 이상)를 소유해도 세금 부담이 적으니까 똘똘한 한 채가 낫다고 여기는 것이다. 어떻게든 갈아타려 하고, 가격 상승이 보장될 선호 지역에 한 채를 보유하려 든다. 지방보다는 수도권, 수도권보다는 서울, 이왕이면 강남 지역에 한 채를 마련하려 드는 것이다. 직접 살지 않더라도 '부동산 불패 자산'으로 확보해두려는 동기다.

이것은 심각한 문제를 낳는다. 첫째 문제는 이른바 '강남 불패 신화'를 깨뜨릴 수가 없다는 점이다. 항상 입성하려는 가수요가 있는데 강남 아파트 값이 떨어지겠는가? 서울 집값이 지방의 집값보다 항상 지나치게 높아야 하는가? 이런 현상은 이미 전국구화한 주택 시장 때문에 더 악화할 위험성이 크며 수도권 집중 현상을 더 강화시킬 위험도 높다. 둘째 문제는 건강한 주택 생태계를 이루면서 주거 안정의 완충 역할을 할 수 있는 중저가 민간임대주택을 시장의 찬밥으로 만드는 것이다. 이것은 지극히 그릇된 인식을 형성해, 특히 민간임대주택 시장을 불안정하게 만들어서 전세난을 초래하기 십상이다.

17. 훨씬 더 다양한 임대주택이 필요하다

주거 안정화를 위한 대안으로 공공주택 보급을 사회적으로 합의하고 다양하게 넓혀야 한다. 특히 청년 주택, 신혼 주택, 실버 주택, 장애인 주택, 중저소득층 주택에 집중해서 공공임대주택을 늘려야 한다. 인생의 힘든 시기에도 안심하며 오랫동안 살 수 있도록 하는 공공주택이 필요하다. 그 안에는 물론 월세, 전세, 장기 임대, 임대 교환 등 다양한 형태의 주거 서비스가 제공되어야 한다.

공공임대주택 보급률을 현재 8%에서 최대한 빠르게 15% 정도까지 올려야 하는데, 공급주체를 LH(토지주택공사)에만 한정해서는 이루기 어렵다. 지자체의 역할 중 주거 안정성 확보는 아주 중요하다. 지자체 스스로 공공임대를 확보할 수 있도록 대폭 지원하고 권한도 이양해야 한다. 임대주택의 형태도 단지뿐 아니라 기존 아파트와 주택의 매입임대를 늘려야 한다. 공공임대주택의 품질을 올릴 수 있는 공급주체 이상으로 관리주체가 중요하다.

'사회주택'(소셜 하우징)은 민간주택과 공공주택 사이에서 효과적 대안이 될 수 있다. 소규모 조합이나 사회적 기업이 중소규모의 리모델링과 신축을 통해서 멤버십으로 운영할 수 있는 시스템이다. 유럽 복지국가에서 효과적으로 이용하는 방식인데 우리도 적극 도입할 필요가 있다. 시장에 좌우되는 민간주택에 비해서 유연성과 안정성을 확보할 수 있다.

18. 문재인 정부를 넘어서는 부동산 개혁과 주택 정책이 필요하다

문재인 정부는 부동산 이슈에서는 혹독한 비판을 피하지 못하고 있다. 부동산 가격 앙등은 거시적인 변수에 크게 좌우되기 때문에 정부의 잘못만은 아니지만 문재인 정부의 실책도 분명히 있다. 나는 세 가지를 비판해왔는데, 첫째 핀셋 규제, 둘째 민간임대주택 사업자에게 준 지나친 인센티브, 셋째 일반 다주택자를 적대시한 정책이다.

핀셋 규제는 과열 문제 지역을 콕 집어서 규제하는 것인데, 지금과 같이 전반적으로 부동산이 과열된 시기에는 통하지 않는다. 한 지역을 묶으면 다른 지역으로 투기가 움직이는 두더지 현상을 낳을 뿐이고, 부동산 행정에 과부하를 만든다.

임기 중반에 취소되기는 했지만, 임기 초반 민간임대주택 사업자에게 과도하게 특혜를 줬던 것은 잘못된 신호였다. 임대주택등록제·전월세상한제·계약갱신청구권 등의 임차인 보호제도가 없는 상태에서 박근혜 정부의 정책을 이어받아 확대한 궁여지책이었지만 민간임대주택 사업의 취득세·종부세·양도세 면제 혜택은 부동산 과열 현상에 일조했다. 2020년에 민간임대 등록이 법제화된 후에야 이 조치는 취소됐다.

문재인 정부는 정권 초기부터 유독 다주택자를 비난하며 '1가구 1주택'을 강조했다. 다주택 보유세를 올리고(이것은 당연한 조치다) 양도세마저 올렸지만, 보유세와 거래세를 동시에 올리는 조치가 과도했고, 집값이 가파르게 올라가는 상황에서 다주택자의 주택 처분을 끌어내지 못한 한계를 낳았다. 게다가 앞에서도 지적한 바와 같이 '1가구 1주택'을 강조하며 조세 인센티브를 부여함으로써 '똘똘한 한 채' 현상을 부추겼고 무주택자와 2030 세대의 '영끌'(대출 등 모든 수단을 동원해서 영혼까지 끌어모은다는 속어) 추격 매수 현상까지 낳았고, 노후를 위해 투자한 소규모

다주택자까지 비난받게 만들었다. 차라리 짧은 기간 내에 고수익을 올리며 사고팔기를 반복하는 '투기적 다주택자'를 대상으로 확실하게 불이익을 강화했더라면 투기를 방지하면서 민간임대시장 안정성까지 확보할 수 있었을 것이다.

이외에도 문재인 정부가 본질적인 부동산 제도 개혁에 제대로 착수하지 못한 것은 두고두고 아쉬움이 남는다. 이명박 정부가 무소불위의 개발주체로 만든 'LH'(토지공사와 주택공사를 합병한 기구)를 그대로 두어 독점을 방지하지 못해 기강이 해이해졌고, 토지수용에 의한 택지 개발을 답습하기만 했고, 민간개발에 대한 개발분담금 등 특혜적인 규제 완화 제도들을 제자리에 돌려놓는 데에도 무척 느렸다.

*

아쉬울 때가 진짜 혁신, 진짜 개혁이 필요한 시점이다. 부동산 이슈, 주택 정책이야말로 절대적으로 '실사구시'의 태도가 필요하다. 코로나 위기까지 겹쳐 부동산에 대한 불만이 더욱 커졌다하여 이전 시대로 퇴행할 수는 없다. 시장 만능주의나 시장 방임주의로 돌아가서 더 심각한 양극화와 불평등을 야기할 수는 없다. 또 한 발 나아가야 한다. 부동산을 개혁하고 주택 생태계를 건강하게 회복하는 데 매진할 때다.

6 갈등과 혐오

젠더·세대·다문화 갈등을 누가 부추기는가?

감정 소모만큼 사람을 힘들게 하는 것도 없다. 기분 나빠서 피하게 되고, 얼굴 마주치거나 말 섞기 싫어지고, 혐오 감정에 붙잡혀 시달리다가, 급기야 증오 감정에 휩싸여 상대도 괴롭히고 자기 자신도 괴롭힌다. '사람은 사람에게 천국'(아베 피에르 신부)이라는 말만큼이나 '사람은 사람에게 지옥'(철학자 사르트르)이란 말이 와닿는 요즘이다. 사람은 사람에게 무한한 긍정 에너지를 주면서 서로 시너지를 만들 수 있는 반면, 극도의 부정 에너지를 주고받으며 서로 공격할 수도 있다. 이런 상태가 집단적 현상이 될 때 사회는 갈등의 늪에 빠져 살벌하고 우울해지고 피폐해지기 쉽다. 양극화와 무한 경쟁 사회에서 발생하는 가장 큰 문제가 갈등이고 이것이 최악으로 치닫는 심리 상태가 혐오다.

최근 일련의 갈등과 혐오 현상은 눈살을 찌푸리게 하는 단계를 넘어섰다. 우리와 저들을 나누는 데 몰두하고, 같은 점보다 다른 점을 찾아내고, 차이를 인정하기보다 차별할 빌미를 찾아내고, 오가는 언설이 거칠고, 탓할 거리를 찾고, 사사건건 맞부딪치고, 피해자와 가해자를 규정하고, 내편과 네편을 가르고, 참전과 편먹기를 강요하고, '멸칭'(멸시하는 호칭)을 쓰는 등 감정싸움을 일삼을 뿐 아니라 상대를 적대시하거나 악마화하는 행태까지 서슴지 않는다.

그나마 다행스러운 것은, 우리 사회는 구조적 갈등 요인이 아주 심각하지 않다는 사실이다. 인종·종교·민족 갈등으로 찢기고 분열하고 대립하면서 폭동과 테러와 내전과 전쟁을 일으키는 전 지구적인 현실에 비한다면 우리는 훨씬 사정이 낫다. 물론 우리 사회 특유의 구조적 갈등 요인이 있다. 남북 분단 상황에서의 이념 갈등, 일제강점기와 독재 시대를 지나며 쌓인 역사관 갈등, 사라지지 않는 지역주의 반목이 대표적이다.

갈등을 대할 때 꼭 필요한 자세는 그것의 순기능을 긍정하는 태도다. 사회적 갈등은 갈등대로 있는 게 당연하다. 가치관과 정치적 입장과 이해관계가 서로 다른 사람이 모여 사는 인간사회에서 갈등이란 완전히 없앨 수도 없거니와 갈등이 전혀 없는 상태가 꼭 건강한 것만은 아니기 때문이다. 갈등이 없다면 오히려 폭압이나 전체주의가 짓누르는 마비 상태의 사회일 가능성이 크다. 갈등이 있어야 문제가 부각되고 다양한 해결책들이 나오며 이해의 폭이 넓어지고 공감이 깊어지면서 더 나은 방향을 선택할 수 있게 된다. 인간관계에서나 사회 갈등에서나 마찬가지다.

최근 젠더·세대·다문화 갈등이 부각되는 것은 우리 사회가 큰 문제를 해결하고 이제 일상의 문제에 관심을 기울일 만큼 발전했다는 증거다. 독재, 민주주의 탄압, 권력기관을 동원한 공작정치, 언론 공작 등의 거악(巨惡)을 어느 정도 해소하고 나니 이제 일상의 삶을 불편하게 하는 작은 이슈까지 제기할 수 있는 것이다. 사회 발전의 중요한 단계로 올라서는 긍정적 신호라 볼 수 있다.

다만 갈등은 서로 이해하고 납득하고 논의하고 치유하는 과정이 필요하다. 이러한 갈등은 전면전이라기보다 국지전이고, 가치관의 차이 때문에 발생하는 문화전쟁적 성격이 있는데 최근에는 경제전쟁의 관점까지 합세했다. '옳다 그르다', '바르다 바르지 않다', '바람직하다 못마땅하다', '좋다 싫다' 정도가 아니라 이익 계산이 끼어드는 것이다. '내 일자리를 뺏는다, 내 기회가 줄어든다, 내 부담이 늘어난다, 내 이익이 줄어든다' 같은 반감이 작동하는 데다가 '기분 나쁘다, 모욕적이다, 자존심 문제다, 잠재적 가해자 또는 잠재적 피해자로 취급되어 불쾌하다, 일상이 더 불편해졌다, 자기 검열하는 게 피곤하다, 검열당하는 것 같아서 괴롭다, 차별에 지친다'와 같은 심리적 불편함까지 작동한다. 어떻게 이 문제를 풀어갈까?

강조할 점이라면, 혐오와 증오를 먹고사는 세력이 득세해서는 안 된다는 것이다. 이들은 문제를 해소하기보다는 갈등과 혐오를 더욱 조장하면서 그를 기반으로 세력화하려 든다. 일부 정치인들이나 정치권은 갈등을 이용하고, 언론 미디어도 시시때때로 거기에 편승하고, 마케팅이나 광고에 활용하고, 최근에는 유튜브에서 돈벌이감으로 이용하는 혐오 상술까지 펴고 있다. 이 점에 유의하면서 우리 시대의 갈등을 긍정적으로 풀어가야 한다.

젠더 갈등: 역지사지 스피크업을 독려하라!

최근 젠더 갈등이 심화되고 있다. 젠더 논의는 여성인권운동과 함께 1980년대 이후 활발해져 왔고, 여성 유권자의 투표 파워가 커지고 젠더 정치화하는 다양한 그룹이 등장하면서 정치적으로도 꽤 큰 동력을 얻었다.

한편 이런 세력화에 대한 반발, 치열한 취업 경쟁 속에서 군 가산점과 여성할당제 논쟁, 공격적 페미니즘과 안티 페미니즘의 등장과 갈등, 미투 운동의 순작용과 반작용 등 여러 요인들이 가세하며 젠더 갈등이 정치화되고 있다. 뜨거워진 대립 구도 속에서 드라마·영화·방송·뉴스·유튜브·SNS 등 어느 매체든 간에 젠더 주제만 나오면 바로 관심을 끌고, 차분하게 토론하다가도 편 가르는 발언이 나오면 감정싸움으로 번지는 일이 다반사이다.

이런 현상 속에서 진지한 젠더 이슈 제기와 논의는 실종되기 십상이다. 젠더(gender)는 생물학적 성(섹스)과 달리, '제2의 성'

이라 일컬어지듯 사회문화적 환경에서 규정된 성 역할이니만큼 여성과 남성에게 공히 적용되는 이슈다. 여성 차별의 역사가 길고 아직도 불평등 문제가 엄연히 존재하므로 논의는 주로 여성 젠더에 집중되지만, 남성 젠더에 대해서도 마찬가지로 깊은 논의가 필요하다. 특히 가부장제와 위계 문화에서 젠더 이슈는 여성에게나 남성에게나 억압적인 사회 기제가 되어 왔고 지금도 해소되지 않았다.

논의해야 할 젠더 주제들은 너무도 많다. 여성 젠더와 남성 젠더에 대한 이해, 각기 겪고 있는 고충과 분노와 불안, 공통점과 차이점에 대한 이해, 당면한 불안과 근미래에 대한 불안의 분석, 고정관념을 만드는 사회문화적 상황을 개선하는 과제, 세대에 따른 젠더 인식 등, 젠더 이슈는 여성에게나 남성에게나 똑같이 적용되어야 한다. MZ 세대 중 '이대남'(이십대 남자를 가리키는 줄임말) 일부가 표출하는 강한 주장도 '남성 젠더의 정체성과 위치'에 대한 회의에서 출발한 것이다. 남성 젠더 역시 수많은 문제들을 안고 사는데 왜 참으라고만 하느냐고 토로하는 것은 건강한 현상이다. 그런가 하면 젊은 여성 젠더의 목소리가 일상의 민감한 이슈까지 건드리며 훨씬 더 개방적으로 표출되는 것 역시 그 자체로 건강하다.

관건은 불만이 표출되는 방식이다. 젠더에 고착된 이미지를 깨고자 한 그동안의 수많은 노력들을 부정하는 방식은 문제가 있다. 직업 고정관념 타개(예컨대 간호사·초등교사·기술직·건설 현장직 등), 부모 역할 고정관념 극복(아빠 출산 휴가, 육아 휴직 등), 금남 금녀 분야의 해소(여성의 이공계 진출, 남성의 셰프나 헤어드레서 등 서비스직 진출), 또한 다양한 라이프스타일의 등장(비혼, 졸혼, 아빠 육아 엄마 직장 선택, 실버 독립 가구, 1인 가구 증가) 등 젠더 고정관념을 깨려는 노력이 가져오는 다양한 변화를 긍정할 필요가 있다.

'페미'라는 말이 멸칭이 되고, '여혐', '남혐'이라는 말이 공공연하게 쓰이는 혐오 세태는 두렵기조차 하다. 내 개인적으로는 강고한 차별 속에서 한을 삭이고 분을 삼키며 사회 활동을 해왔으니 훈련된 페미니스트다. 페미니스트는 휴머니스트에서 출발하며, 보편적 인간성에 부합한다고 생각한다. 성별에 관계없이 같은 기회를 갖고, 같은 욕구가 있음을 인정받고, 동일 직무·동일 임금 원칙이 지켜지고, 직장과 거리에서 차별적 대우를 받거나 희롱당하지 않을 권리를 동등하게 가진다고 믿는다. 차별이라 함은 적대적 차별뿐 아니라 호의적 차별(또는 온정적 차별)까지 포함한다. '여성은 이래야 한다, 남성은 이래야 한다'와 같이 입지를 옥죄는 적대적 차별만큼이나, '여성이니 이런 일은 하지 않아도 된다, 남성이니 이런 일은 하지 않는 게 좋다'와 같은 호의적 차별이 고정관념을 고착시키고 각 젠더의 성장을 가로막고 있기 때문이다.

우리 사회의 양성 평등(또는 양성 균형)은 개선되고 있다. 어느 직종이든 성비가 한쪽으로 치우치지 않는 게 바람직하다는 취지로 도입한 공무원 시험의 '양성평등채용제'가 안착하고 있다. 한 성이 특정 직종의 70% 이상이 되지 않도록 조율하는 제도인데, 공무원직 특히 경찰이나 교육 공무원직에서 남성이 고용 기회를 확보하는 제도로 활용되고 있다. 할당제 폐지를 요구하는 의견도 있지만 할당제는 젠더 균형에만 적용되는 것은 아니다. 양성 평등 할당제뿐 아니라 지역 할당제와 지역 선발제도 있고 청년 할당제와 장애인 할당제도 있다. 그 바탕에 흐르는 철학은 양성 균형을 이루고 약자와 소수자를 배려해 다양성을 추구하는 것이다.

하지만 공공부문에서 지향하는 양성 균형과 달리, 민간 부문과 생활 부문에서의 불평등은 여전히 공고하다. 채용과 승진에서 특히 고위직과 경영직의 여성 진출에는 아직도 유리 천장이 존재한다. 일상생활에서의 젠더 역할에 대한 고정관념과 가부장적인 가치관이 여러 불편함을 자아내고 있는 것도 사실이다. 아직 갈 길이 멀다.

그러나 젠더 갈등보다 젠더 균형, 젠더 공존, 젠더 평화를 원하는 시민들이 훨씬 더 많음을 믿는다. 언론 미디어가 부각시키는 젠더 갈등은 많은 경우 찻잔 속의 논쟁이거나 일부 그들끼리의 갈등을 부풀리는 경우도 적지 않다. 편 가르기, 감정싸움 부추기기, 논쟁 키우기에 몰입하기보다 어떤 균형과 어떤 공평을 이뤄야 할지 상식적인 논의로 발전하기 바란다.

남녀 공히 스피크업(speak up)하게 하라! 각자의 어려움과 고충과 불만, 괴로움과 막막함, 억울함과 분함을 터놓을 수 있는 장이 일상 곳곳에 필요하다. 집에서 커뮤니티에서 직장에서 시민사회에서 공공에서 건강한 스피크업 장을 만들자. 양극화 사회, 저성장 사회, 무한 경쟁 사회에서 여성도 남성도 살기 팍팍하다. 구직난, 직장 괴롭힘, 성적 괴롭힘, 승진 어려움 같은 문제들에 여성도 남성도 노출되어 있다. 남녀가 섞여서 일하는 팀업과 협업의 지혜로운 방식에 대해서 여성도 남성도 고민한다. 혼자서 끙끙대게 하지 말자. 자기편에게만 호소하게 하지 말자. 내편 네편으로 나누지 말자. 혼자서 풀려고 하지 말고 같이 풀려 노력하자. 사적 분노에 사로잡히기 전에 공적 공감대를 이루며 대화로 풀게 하자.

세대 갈등: 까칠한 젊음이 미래세대로 떠오를 권리를 보장하라

최근 세대 갈등이 유난히 부각되고 있지만, 동서고금을 막론하고 세대 갈등은 항상 있어 왔다. '요즘 애들은 말이야~', '라떼는 말이야~' 같은 말은 소크라테스 시대에도 있었을 정도다. 역사상 어르신 공경, 장유유서 질서를 채택한 것은 갈등 요인을 줄이고 한정된 자원을 적절히 배분해서 사회적 안정을 꾀하려는 효과적 수단이었을 것이다. 그래서 도전과 변화, 전복과 혁명을 꿈꾸는 것은 항상 젊은 세대의 몫이 되었다.

지금의 세대 갈등은 이전과는 꽤 다르다. 프랑스의 68세대, 미국의 베트남전쟁세대, 우리 사회의 4·19세대, 386세대는 젊은 세대 전체를 아우르며 시대 분위기를 바꾸고 세대를 교체하는 힘이 있었던 반면, 지금의 젊은 세대는 그렇지 못하다. 시대가 그러하다. 저출생으로 청년 인구가 줄어들었고, 혁명을 외치기에는 '먹고사니즘'에 너무 시달리고 있고, 더욱 빡빡해진 교육 구조 속에서 청소년기에 기를 펴지 못했고, 경제 성장의 풍요로운 소비에 익숙해져 있고, 자유분방한 시대의 분위기를 타고 개인주의적 성향이 강해지면서, 청년 세대는 하나로 통일되는 게 아니라 다양하게 분화하고 있다.

세대 갈등을 부각시키는 현상은 정치 지지율 여론조사에서 세대를 점점 더 세부적으로 20대-30대-40대-50대-60대-70대 이상 등 점점 더 잘게 쪼개는 추이하고도 맞물린다. 앞으로는 더 잘게 나뉠지도 모른다. 불과 서너 살 차이인데 너무 다르다고 부모들이 평할 정도로, 요즘 세대는 20대 초-중-후반, 30대 초-중-후반으로 나눠야 할 만큼 세대 변화의 주기가 점점 더 짧아진다. 체험의 내용이 다르고, 어떤 사회적 사건을 겪었느냐에 따라서 다르고(세월호, 촛불집회, 탄핵, 천안함, 각종 갑질 스캔들 등), 어떤 입시 제도를 겪었는지에 따라 다르고, 가수·배우·노래·드라마·영화 등 어떤 대중문화 유행을 접했는지에 따라서도 세대 차이가 확연하다.

청년 세대를 어떤 나이로 규정할지에 대해서도 갑론을박이 있다. 20~30으로(스펙 경쟁에 시달리는), 25~35로(구직과 취업 경쟁에 내몰려 있는), 또는 18~35로(유권자 나이 제한부터 정치권에서 청년으로 인정하는 나이까지), 생년 시기로 나누기도 하고, 대학 학번으로 나누기도 한다. 그런데 이 자체가 얼마나 넓은 세대를 포함하는지 모른다. 최근 사회적 반향을 일으킨 『90년대 생이 온다』(임홍택 지음)와 『세습 중산층 사회』(조귀동 지음)에서 정교하게 분석한 내용을 보면, 나이나 학번이라는 큰 분류가 아니라 청년 세대 안에서도 수도권이냐 지방이냐, 소득 분위, 부모의 소득과 직업과 학력, 여성이냐 남성이냐, 어떤 구직 활동을 하느냐에 따라 너무도 넓은 스펙트럼이 존재한다는 것을 알 수 있다.

아무리 분화된 청년 세대라 하더라도 그 다양한 목소리가 더 크게 들려야 한다. 정치적 영향력을 키워야 하고, 기나긴 구직난을 버틸 수 있도록 청년 주거와 실업수당, 청년수당에 공공지원이 늘어나야 한다. 학비와 생활비를 포함한 학업 비용에 대한 정부와 학교 재단의 지원이 커져야 하며, 미래에 대한 불안 때문에 분노에 사로잡히지 않도록 분출구를 열어줄 사회활동 수단이 많아져야 한다. 이 시대의 청년 세대는 자칫 소외될 수 있기 때문에 소극적이 되기 쉽고, 막다른 골목에 내몰리며 분노 어린 패배감에 빠질 수 있다. 소외감과 분노에 지치지 않도록 청년 세대는 관심과 보살핌 속에서 자립할 있어야 한다.

나는 이 시대 청년 세대의 까칠함이 좋다. 차별, 위계 문화, 갑질, 성희롱, 공공 매너, 말버릇, 사생활 보호 등, 예전에는 무시당하기 일쑤였던 주제들에 대해서 예민한 기준으로 호불호를 분명하게 표현하는 것을 보면 우리 사회가 훌쩍 자라고 있음을 느낀다. MZ 세대뿐 아니라 이 시대의 상식을 갖춘 사람이라면 누구나 이런 태도를 유지하는 게 필요하다. 젊은 세대의 분명한 태도가 전 세대로 퍼져서 공사를 확실히 구분하는 우리 사회가 되기를 바란다. 공적 세계에서 '형님, 언니, 선배, 후배'라는 말이 사라지기를 바라고 서로의 존재를 깍듯이 인정하는 어법이 자리잡고, 서로의 프라이버시를 존중해주는 사회로 발전하는 데 청년 세대의 분명한 태도가 큰 역할을 하기를 바란다.

나는 이 시대 청년 세대가 겪는 막연한 불안감을 덜 수 있는 많은 정책이 실현가능하다고 믿는다. 불안은 삶과 공존하는 것이지만 현재의 '위험 사회'에서 증폭되는 막연한 불안감만큼은 줄여야 한다. 고성장 시대의 혜택을 누리며 윗세대가 소유할 수 있었던 자산 소득에 비하지 못한다 하더라도 저성장과 무한경쟁과 양극화 사회에서도 삶의 무게를 너끈히 감당할 수 있고 자신의 라이프스타일을 누릴 수 있다는 최소한의 믿음을 가질 수 있어야 한다. 교육과 주거와 일자리를 기본적으로 보장해주는 것은 그 출발점이 될 것이다. 등록금 인하와 생활비 대출, 청년 공공임대주택 제공, 인턴 후 일정 기간 취업을 보장하는 방식이 도입될 필요가 있다. 금수저가 아니고 명문대 출신이 아니더라도 고용과 창업의 기회를 갖게 해주는 사회 일자리 제공과 창업 대출과 지원 역시 필요하다. 실버 세대에 대한 복지가 상대적으로 일층 발전한 반면, 청년 세대에 대한 지원은 이제 시작일 뿐이며 아직 갈 길이 멀다.

청년 세대가 시대의 고달픔을 버틸 수 있게 하라. 젊은 세대들이 두려움 때문에 분노에 사로잡히지 않게 하라. 실패를 경험하고도 다시 도전이 가능하다고 믿게 하라. 모험을 축복하라. 언제나 미래 세대로서 그들은 희망의 아이콘이 되어야 한다.

다문화 갈등: 문화 다양성이 세계무대를 더 크게 연다

다문화 갈등은 세계화 시대에 새로 등장한 문제이다. 단일 민족이라는 동질성이 강조되던 우리 사회에서 새롭게 전개되는 현상이다. 국제결혼 증가로 다문화 가정이 늘고, 외국인 노동자, 외국인 유학생 등 체류 외국인의 숫자가 늘고, 다국적 기업 종사자들의 체류와 해외 동포들의 컴백 현상도 가세했다. 외국인 체류 인구는 2007년 처음으로 백만 명을 넘은 후 2021년 3백만 가까이 전체 인구 중 5%에 달할 정도다. 증가세가 가파르던 해외 여행객이 코로나로 인해 대폭 줄어들었지만, 코로나 이후에는 한류 열풍과 더불어 폭발세로 증가하리라 예상된다.

이제는 길거리에서도 직장에서도 TV 모니터에서도 외국인의 모습을 보는 것이 자연스럽다. 예전에는 주로 코카시언(caucasian, 백인)을 봤다면 이제는 아시아인·유색인·유럽인·남미인 등이 다양하게 출연한다. 우리 도시에서 차이나타운뿐 아니라 다채로운 외국 문화권 동네들이 생기고 있을 정도다. 한민족의 세계 진출만큼이나 세계인들의 대한민국 진출이 현실화되면서 우리 일상 자체가 세계화되고 있다.

유럽 각국의 난민 수용 문제, 미국 트럼프 대통령 시절의 외국인 추방과 이민자 제한과 같은 큰 문제는 아니더라도 우리 사회에서도 다문화 갈등 문제는 경제·교육·복지·문화 차원에서 일어나고 있다. 일자리 경쟁과 임금 차별과 불법 체류자 문제, 각종 복지와 의료 보험 제공, 다문화 가정의 자녀에 대한 교육, 다문화를 포용하는 커뮤니티 교육, 게다가 코로나 위기 속에서 외국인에 대한 방역과 접종 혜택에 대한 이견도 돌출했다. 이 과정에서 내재했던 차별 의식도 불거져 나온다. 이른바 선진국 출신과 가난한 나라 출신을 차별하거나 종교에 따라서 거부감을 보이는 등 일종의 계급의식과 차별의식이 돌출하는 것이다.

이런 현상은 우리 안의 세계화에 대한 적응 과정으로 섬세하고 또 대범하게 다뤄야 한다. 세계를 향해 문호를 열라고 하면서 우리가 닫을 수는 없다. 세계에 차별과 차등을 없애라고 하면서 우리가 인종과 종교로 차별 차등하는 이중적 태도를 취할 수는 없다. 무엇보다도 대한민국은 글로벌 경제, 글로벌 문화 속에서 더 큰 날개를 펼칠 잠재력을 갖고 있다. 여러 문화를 포용하고 문화적 감성을 높여야 우리의 창조력과 상상력을 더 크게 키워낼 것이다.

우리 문화 속으로 들어오는 다양한 문화를 축복하라. 그 차이와 의미를 발견하면서 호기심을 갖고 다가가고 친해지라. 다른 문화를 느끼면서 더 큰 세계를 느껴보자. 그 문화를 우리 일상에 받아들여보자. 우리 문화와의 차별적 비교가 아니라 포용적 대비로 더 큰 문화 세계를 만들어보자.

*

젠더 갈등, 세대 갈등, 다문화 갈등은 지금 시대가 꼭 넘어서야 할 문제이다. 이 모두 순기능을 갖도록 만들 수 있는 갈등이기도 하다.

첫째, 상상력과 창의력이 점점 더 중요해지는 이 시대에는 여성성, 남성성을 넘나들어야 경쟁력도 생기고 삶의 질도 높아진다. 젠더 갈등을 풀어가는 대승적인 자세다. 여성다움, 남성다움이라는 고정관념에 갇히지 말고 여성 속의 남성성, 남성 속의 여성성을 거리낌 없이 드러내게 하면서 서로를 격려하면서 따로 또 같이 세상을 넓혀보자.

둘째, 백세 장수 시대이자 위험 사회를 헤쳐 가는 비결은 평생을 통한 젊은 정신과 어릴 적부터 익히는 자립심과 책임감이다. 평생 행복의 기본 조건이다. 지레 포기하지 말고 성공만이 아니라 실패 역시 더 큰 인생 자산, 사회 자산임을 알고 평생 도전을 멈추지 말자. 상대적 비교로 분노에 사로잡힐 것이 아니라 대승적인 차원에서 필요한 지원을 요청하자.

셋째, 어느 때보다 세계 속의 대한민국으로 성장하고 있는 지금, 다양한 문화를 포용하는 것은 우리 문화의 경쟁력을 한층 더 올리는 데 아주 중요하다. 한류 문화가 성장할 수 있던 배경에는 우리 문화에 대한 자긍심과 함께 다양한 문화를 스스럼없이 받아들이는 개방적 태도가 주효했다. 이제 더 많은 문화와 교류하면서 더 큰 세계로 나아갈 때다.

3

우리가 추구해야 할 미래 가치들

지속 가능한 성장과 행복을 위하여

우리는 어떤 미래 지향적 가치를 추구해야 할까.

리더보다 팀 리더십을 지향하고

놀이의 가치와 노동의 가치를 접목하고

시민이 서로 돌봐주는 돌봄의 가치를 세우고

포스트 코로나 시대의 도시적 삶을 뿌리내리고

시민의 시민을 위한 시빅 리더십을 독려하고

뉴테크 리더십으로 시대를 앞당기기를

새 시대의 리더에게 기대한다.

변화에 대한 희망으로

'정치란 변화에 대한 희망'이다. 나는 정치를 이렇게 정의한다. '21대 국회의원 초심 박제 프로젝트'라는 부제를 단 「MBC 정치합시다」 프로그램에서 '정치란?'이라는 질문에 딱 한 마디로 제시했던 답이다. 아무리 현실 정치가 혐오스러워도 사회를 진짜 좋은 방향으로 바꿀 수 있는 유일한 수단이 정치다. 변화에 대한 희망이 없는 사회는 가장 절망적인 사회다. 정치가 계속 생생하게 펼쳐져야 하는 이유다.

물론 정치를 이 한 가지로만 정의할 수는 없다. 어떤 정의들이 있을까?

• 정치란 서로 모르는 사람들, 서로 생각이 다른 사람들이 갈등을 줄이며 같이 살 수 있는 약속의 장치다. 그래서 소통이 정치에서 가장 중요하다.

• 정치는 한정된 자원을 배분하는 고도의 기술이다. 아무리 성장을 하더라도 모두가 만족할 만한 수준으로 성장의 열매가

골고루 돌아가기는 어렵다. 특히 양극화의 폐해를 줄이기 위한 재분배는 정치의 가장 중요한 기능 중 하나다.

• 정치는 국민의 안전과 국가의 안보를 최우선 가치로 둔다. 파괴로 치닫지 않고 평화를 유지하는 외교가 중요하고 국민 한 사람 한 사람에게 일생에 걸친 생활 안전 인프라를 튼튼히 제공하는 것이 정치의 기본 소임이다.

• 정치란 사회 구성원들이 자신이 원하는 바를 자유롭게 추구할 수 있는 공공의 틀을 마련해주는 역할이다. 공정 경쟁과 행복 추구를 위한 제도와 시스템이 중요한 이유다.

• 정치란 미래에 대한 끊임없는 선택이다. 우리가 어떤 미래를 바라느냐에 대해서 계속 토론해야 하는 이유이고 어떤 가치관을 선택할지 계속 고민해야 하는 이유다.

정치란 이렇게 여러 방식으로 정의될 수 있다. 우리는 정치에 대한 희망을 버릴 수 없다. 정치는 가능성의 영역이고 나침반의 역할을 하기 때문이다. 사실 정치는 공기와도 같다. 우리는 숨 쉬듯이 매일매일 정치를 하고 산다. 두 사람만 모여도 정치가 시작된다. 정치란 관계이자 갈등의 조정이고 자원의 배분이며 생각의 교류이자 또한 감정의 흐름이다. 어떻게 갈등을 줄일지, 어떻게 공평하게 나눌지, 어떻게 평화를 유지할지, 어떤 가치관을 공유할지, 어떻게 차이를 받아들일지, 어떻게 각자의 매력과 단점을 인정할지 등을 고려하면서 우리가 하는 매일매일의 행위가,

의식하든 의식하지 않든 다 정치다. 괜히 부부의 정치학, 커플의 정치학, 직장의 정치학이란 말이 나오는 게 아니다.

물론 일상 정치와 현실 정치는 다르다. 일상 정치란 누구나 할 수 있고 일상에서 일어나는 인간의 모든 교류를 말하고, 현실 정치는 이른바 직업 정치인, 현실 정치권(정당·선출직·권력직 등)의 전문 정치인이 하는 것이니 말이다. 일상 정치와 현실 정치가 근사하게 교감하고 소통하면 좋은 정치가 되고, 현실 정치가 일상 정치의 마음을 외면하고 정쟁에만 몰두하면 나쁜 정치가 되기 쉽다.

현실 정치에 대한 우리의 기대치는 지나치게 높으면서 또한 지나치게 낮다. 무슨 문제든 일거에 풀어달라는 것은 지나치게 높은 기대이고, 현실 정치를 더럽다고 혐오하고 외면하는 것은 지나치게 낮은 기대다. 그렇기 때문에 실사구시 리더십을 절대적으로 고민해야 한다. 만약 그 리더십이 제대로 작동한다면? 사회의 근본적 가치관과 원리를 체계적으로 다듬으면서 선택의 지혜를 기르고 선택의 폭을 넓히며 미래로 향하게 만든다. 이번 장에서는 이 시대의 리더십을 통해 '구시'해야 할 본질적이고 근원적인 미래 가치를 일곱 가지로 정리해본다. 모두 우리의 가치관을 성찰해야 하는 과제들이다.

1 팀 리더십의 가치

리더 이상으로 리더십이 중요하다

1994년 미국의 시사주간지 『타임』이 '세계의 21세기 리더 100인'(New Millenium Global Leaders 100)을 꼽은 적이 있다. 당시 그 100인에 유일한 한국인으로 선정된 나는 엄청난 주목을 받았다. 세계화라는 말조차 아직 낯선 시대였기 때문에 더 이목을 끌었을 것이다. 나는 이것을 '내 인생의 사건'으로 부른다. 전혀 예측하지 못한 일이었기 때문이다.

이 사건으로 인해 내 인생은 여러모로 번잡해졌지만 중요한 것은 나에게 생긴 본질적인 변화다. 첫 번째 변화는 '기대 받지 못하던 자'가 '기대 받는 자'가 된 것이다. 여자는 성장하면서 상대적으로 기대를 많이 받지 못해 스스로 심리적인 제약을 만들기도 하는데, 갑자기 기대 받는 자가 되니 기대라는 것이 성장에 어떤 역할을 하는지 각별히 생각하게 됐다. 그리고 '기대는 사람을 자라게 한다'는 결론에 이르렀다. 두 번째 변화는 대중적 관심을 받게 된 것이다. 전문가 그룹의 관심에는 나름 익숙했으나 대중의 관심을 받게 되니 공적 책임감이 커지고 목소리에 힘이 붙고 이른바 '선한 영향력'에 대해서 끊임없이 생각하게 됐다.

세 번째 변화는 '리더와 리더십의 역할'에 대해서 연구하고 성찰하게 된 것이다. 관련 책들을 많이 찾아 읽었고, 여러 리더들의 퍼포먼스를 평가하고 비판하기도 했고, 그 입장에 나를 대입해보면서 리더십의 역할을 생각하게 됐다. 어떤 리더와도 대등하게 어깨를 나란히 하고 그 시선을 따라가게 된 효과도 있다. '그 사람은 그 시간 그 위치 그 상황에서 어떤 기준으로 어떤 선택을 하는가?' 그런 궁금증을 더욱 키웠다.

오랜 생각을 통해 내가 내린 결론이다. '리더나 리더십에 대해서 환상을 갖지 말자.' 리더에 대해서 우리가 합의할 수 있는 것은 단 하나, '이 세상에 완벽한 리더는 없다'는 사실이다. 리더십에 대해서 우리가 합의할 수 있는 것도 단 하나, '어느 시대, 어느 상황에서나 통하는 리더십은 없다'는 사실이다. 우리가 합의할 수 있는 것은 '시대정신에 맞는 리더와 리더십이 있다'는 사실이리라.

우리 사회는 '리더'라는 말을 좋아하고 '리더십'을 리더의 역량으로 강조하는 경향이 있다. 카리스마가 있는 영웅이 나타나서 강력한 지도력과 실행력으로 모든 문제를 일거에 풀어주리라는 환상이 사라지지 않는다. 독재 대통령 시대를 길게 겪었고 권위적인 오너 문화(기업·학교재단 등)가 여전히 살아있다. 언론 미디어는 이런 환상을 이용해서 '영웅 만들기, 스타 만들기, 신화 만들기'로 조회수를 올리며 킹메이커를 하려 들고 자신이 만든 권력을 근거리에서 조정하려 든다. 정치인을 장기판의 말로만 보고 여론조사로 선거를 게임으로 몰고 가는 최근의 현상은 언론 미디어의 삐뚤어진 욕망과 그에 놀아나는 정치인 때문이다.

우리 사회는 한 걸음 더 나아가야 한다. 리더라고 불리는 인물에 집착할 게 아니라 리더십에 더 집중해야 하고, 리더의 리더십만이 아니라 리더의 팀 리더십에 더 주목해야 한다. 미국 의회에서 '리더십'이란 말이 자주 쓰이는데 이때의 리더십은 리더 그룹인 지도부를 뜻한다. 리더 이상으로 리더십을 이루는 팀이 중요하다는 얘기다. 우리도 리더가 속하고 또 아우르는 집단을 주목하고 팀 리더십이 어떻게 발휘되느냐에 주목할 필요가 있다.

팀 리더십 차원으로 보면 정치에서는 물론 정당 리더십이 중요하다. 파티(party, 정당)의 유전자, 가치관, 세계관, 태도와 자세라는 것이 있기 때문이다. 물론 정당 바깥의 인물들을 포함하여 리더가 어떻게 팀 리더십을 구성하느냐 역시 중요하다. 어떤 목적에서 어떤 인물들로 팀을 짜느냐? 어떤 인물을 참모로, 어떤 인물을 현장 실무자로, 어떤 인물을 후방 관리자로 배치하느냐 같은 팀 리더십의 묘수가 필요하다. 정치란 혼자 하는 게 아니기 때문이다.

*

　이런 점에서 역대 대통령의 리더십에 대해서는 어떤 평가를 할 수 있을까? 이승만 초대 대통령은 무의식적이든 의식적이든 '왕조 리더십'에 사로잡혀 있던 인물이다. 국정에 무능할 뿐만 아니라 정적들을 갖은 방법으로 제거하고 한민족과 한반도의 운명보다는 자신의 왕권 유지에 더 관심이 있었으니, 입에 혀처럼 굴며 뒤로는 갖은 악행을 일삼던 간신배 세력에 의해 휘둘릴 수밖에 없었다. 우리 현대사의 첫 단추가 너무도 잘못 꿰어진 비극이다. '왕'(王) 놀이를 하려는 대통령은 나라의 비극이고, 민족의 비극이며, 그 자신의 비극이다.

　윤보선 대통령은 4·19 혁명 이후 내각책임제의 대통령직을 잠시 맡았지만, '귀족적 리더십'에 안존했던 인물이 아닌가 싶다. 그렇게 엄혹한 시대에 '피의 혁명'을 거쳐 대통령이 되었음에도 위기의식이 부족했다. 군사 쿠데타를 모의하고 장기 독재의 서막이 열리는 시대에 투쟁력과 통찰력도 부족했다. 안타까운 역사의 일면이다.

　박정희 대통령은 '독재자 리더십'을 휘두르며 장기 집권을 했다. 그 자신이 쿠데타로 정권을 잡았으니 쫓겨날지도 모를 공포에 사로잡혀서 2인자를 절대 용납지 않고 정적을 제거하고 민주 인사들을 탄압하면서 반공과 치안을 내걸어 국민을 상대로 공포 정치를 했다. 한 개인의 트라우마가 얼마나 리더의 정신세계를 좌우하는지를 보여주는 대표적인 인물이 박정희다. 18년 동안이나 집권했으니 정책적 공이 없지는 않지만, 그가 자행했던 정치적 과오는 우리 현대사에 두고두고 짐이 되어버렸다.

또다시 군사 쿠데타를 일으킨 전두환은 전형적인 '골목대장 리더십'이다. 돌아보면 '땡전뉴스'(9시 시그널이 '땡' 하면 전두환 뉴스부터 나오던 것) 같은 장면보다도 그가 연희동 골목에서 성명을 발표하고 백담사로 도피하던 장면이 떠오를 정도다. 3저 호황(저유가·저금리·저달러를 바탕으로 한국경제가 고도성장한 것을 말함)을 누리며, 군부 세력을 배경으로 방송을 자기 골목 삼으며 5·18 광주혁명 시 국민을 학살한 악행을 세탁하려 했지만 역사의 심판을 피하지는 못했다. 그럼에도 불구하고 전두환은 그 골목에서 올드보이로 행세하다기 사죄 한 마디 없이 떠나버렸다.

노태우는 민주 진영이 분열된 다자 구도 상황에서 낮은 지지율로 간신히 당선되었다는 점이 다행스러웠던 측면도 있다. 내란죄의 공범으로 판결 받았지만 대통령직 수행에서는 그나마 겸손한 자세를 유지했으니 말이다. '물태우'란 별명처럼 무색무취에 우유부단한 성격도 작용했겠지만, 보통 사람을 자처했던 노태우의 '딜레마적 리더십'은 남북 평화 구축에 대한 전진을 돌파구로 삼았고 토지 공개념 3법의 도입 등 긍정적인 면이 없지 않다.

호랑이를 잡으러 호랑이굴에 들어간다며 3당 야합으로 '오로

지 대통령 꿈'을 성취한 김영삼 대통령은 취임 초기에 하나회(전두환·노태우가 중심이 되어 만든 육군 내 비밀 사조직) 척결, 금융실명제 도입이라는 치적을 남겼음을 누구도 부인할 수 없다. 그 당시 민자당이 배출한 대통령이었기 때문에 할 수 있었던 일이다. 하지만 김영삼은 전형적으로 황금의 가치보다 황금의 빛에 취하는 성향의 인물이다. 세계화라는 빛에 혹했을 뿐 거대한 자본 흐름의 부작용에 대비하지 못하고 IMF 외환위기를 자초한 그는 전형적인 '외화내빈 리더십'에 그쳤다.

인동초와 같다고 표현되는 김대중 대통령의 리더십은 폭넓은 그늘을 드리운 '거목 리더십'이다. 야권 연합으로 천신만고 끝에 대통령이 되면서 정치적 균형을 절묘하게 이루었고, 바라마지 않던 복지 정책을 실현하고 국민주택의 시대를 열었으며 남북 교류의 물꼬를 틔워냈다. 외환위기를 극복하기 위해 경기를 부양하고 벤처를 장려하며 실사구시적인 국정 철학을 폈다. 또한 수많은 젊은 정치인들을 키워내며 미래 정치의 씨앗을 뿌렸다.

노무현 대통령은 최초의 '팀 리더십 대통령'이라 해도 좋을 것이다. 정당 리더십에 있어서는 별로 복이 없었지만, 개혁의 희망을 꿈꾸는 수많은 젊은 정치인, 운동가, 전문가들로 국정 팀을 꾸렸다. 국회에서 탄핵을 당하고 보수 언론과 야당의 모욕적인 공격 속에서 지지율이 바닥을 쳤음에도 불구하고, 그가 추구했던 균형개발·남북평화·정치개혁 과제들을 꾸준히 실천하며 수많은 정치 후배들이 스스로 자라나게 했다. 노무현 대통령의 팀 리더십이 빛나는 것은 그가 던졌던 시대적 어젠더를 꾸준히 추구하는 팀 스피릿이 여전히 살아있다는 데 있다.

이명박은 전형적인 '카르텔 리더십'이다. 측근과 세력에게 이익을 챙겨주고 이권을 나눠주며 자기 몫까지 챙긴 것이다. 4대강 사업, 자원개발, 종편 도입, 부동산 규제 완화 등에서 모두 그러했고, 그 와중에 자기 기업이었던 다스를 챙겼고 국정원의 상납까지도 챙겼다. '부자 되세요'라는 허상을 이용해서 나타난 대통령이 국가를 자기 세력의 비즈니스 수익 모델로 삼는 블랙코미디가 벌어졌다.

박근혜가 '비선 리더십'에 빠졌던 것은 대통령의 자리만 탐했을 뿐 대통령직으로 어떤 일을 해야 하는지에 대한 고민도 의지도 소망도 역량도 없었기 때문이다. 이런 박근혜가 최순실 비선 조직에 휘둘리는데 온전한 국정 팀이 형성될 수도 없고 팀플레이가 될 리도 없다. 배신자로 찍히지 않고 대통령 눈에 들려고만 하는 이들이 국정을 운영했다. 그리고 점점 더 옹색해지고 고집스럽기만 한 '세습 리더십'은 비극으로 끝날 수밖에 없는 운명이었다.

문재인 대통령의 인품이 서린 '젠틀 리더십'의 품격에 대해서 이의를 제기할 사람은 거의 없을 것이다. 특히 외교 현장에서 빛을 발했고 코로나 위기 극복의 버팀목이 되었다. 하지만 문재인 정부에서 팀 리더십이 잘 작동했는지는 의문이다. 내각 인사를 잘 발탁하지 못했고, 탕평 인사 차원에서 기용한 윤석열 검찰총장과 최재형 감사원장 등은 국정 혼란을 야기할 뿐이었고, 노무현 정부 시절과 달리 진취적인 전문가를 활용하는 위원회 활동도 그리 부각되지 못했다.

*

한 나라 리더의 리더십은 중차대한 변화를 가져오게 마련이다. 2022년에 등장할 새로운 정치 리더는 부디 팀플레이 리더십을 구사하기 바란다. 카리스마 리더십, 소통의 리더십, 열린 리더십, 시스템 리더십 등 다 필요한 덕목이지만, 시대정신의 핵심은 무엇보다도 팀 리더십이다. 작금의 민주주의 사회, 세계 자본주의 사회, 문제 복합체 사회, 복합 갈등 사회, 개방 사회, 네트워크 사회, 다양성 사회, 집단지성 사회에서는 일방향의 명령이나 상명하복만으로 국정이 돌아가지 않는다. 다양한 재능들이 서로 시너지를 일으키도록 자율성과 자발성을 촉진하는 리더십이 최고다.

우리가 경탄해마지 않는 세종과 정조는 팀 리더십을 탁월하게 구사했다. '대왕'이라고 후대가 이름 붙일 정도로 업적이 컸던 데에는, 혼자의 힘이 아니라 제대로 발휘된 팀의 힘이 있었다. 이

두 위대한 리더의 시대에는 왕의 이름뿐 아니라 수없이 많은 인물들의 이름이 같이 떠올랐다. 세종 시대에는 집현전 학자들, 국방의 김종서, 과학기술의 장영실 등이 있고, 정조 시대에는 규장각 학자들, 화성 축성의 인사들, 조정 외과의 실학자들 등 걸출한 인물들이 있었다. 물론 세종과 정조는 '왕'이었기 때문에, 그 왕이 사라지자 사회의 리더십조차 사라져버렸다는 안타까움이 있다. 지금은 다르다. 민주사회에서의 팀 리더십은 계속 이어지며 더욱 꽃을 피울 수 있다. 팀 리더십의 가치가 빛을 발하는 대한민국은 더욱 놀라운 수준으로 발전할 것이다.

2 No 내각제

'늘공'과 '늘정'에서 벗어나는 개혁

정치가 변화에 대한 희망이라면 그 희망을 계속 일굴 정치 체제를 갖추는 것은 중요한 과제다. 결론부터 말하자면, 나는 정치권에서 여차하면 제기되는 '내각제' 도입에 반대한다. '대통령제'가 그나마 현재의 우리 사회에서 변화에 대한 희망을 키울 수 있는 제도라고 생각한다. 정치는 사람이 하는 것이다. 어떤 성향, 어떤 가치관의 사람이 정치를 하느냐가 중요하다. 시대과제와 시대정신에 맞춰 적합한 사람이 정치를 해야 한다. 내각제가 된다면 우리 사회가 '늘정'(늘 정치인)과 '늘공'(늘 공무원)에 의해 좌지우지되면서 정치에 대한 희망이 사그라질 위험이 높다.

'늘공'이란 말은 잘 알려져 있다. '어공'(어쩌다 공무원)에 대치되는 개념으로 만들어진 말이다. 어공은 늘공 입장에서는 굴러온 돌이다. 박힌 돌인 늘공이 텃세를 부리면 어공은 아무리 유능하고 의지가 강하더라도 힘을 못 쓰기 십상이다. 늘공이 텃세를 부리는 방법은 아주 다양하다. 수십 년간 쌓아온 자료들을 내밀며 반대하고, 그동안의 정책 실패와 부작용 등을 들이대면서 개혁적 어공을 설득하거나 자기편으로 포섭하려 든다. 은근히 소외시키거나 뒷담화를 흘리기도 한다. 아예 본질적인 업무를 제대로 관장하지 못하게 온갖 의전 행사를 맡겨 밖으로 돌리며 어공의 심신을 피곤하게 만든다. 정치인 출신 어공에게 잘 쓰는 수법이다.

늘공은 체질상 위험은 사절이고 모험도 싫어한다. 기득권이거나 이념적으로 보수 성향이어서가 아니라 안전주의 성향 때문에 보수적이 되는 것이다. 업무 적극성이 떨어져 혹시나 승진에 차질이 있을지언정 내부 감사에서 지적받거나 감사원 감사를 당해서 징계받지 않는 게 최우선이다. 우리 사회의 감사라는 행위 자체가 지나치게 절차를 따지고 작은 형식까지 걸고넘어지고, 긍정적 성과에 상을 주기보다는 부정적 결과에 트집을 잡는 성향이 있어서 더욱 그렇다. 열심히 일해보려 하거나 창의적으로 업무를 수행하려는 의지를 진즉부터 꺾어버린다. 일을 벌이지 않아도 자리만 잘 지키고 있다 보면 언젠가 승진도 하고 운이 좋으면 고위 공직자나 부처의 수장이 될지도 모르고, 정년까지 버티면 안정된 연금을 보장 받을 수 있는데 굳이 모험을 감수할 이유가 없다.

어공은 대체로 변화를 추구한다. 어공이라 해서 항상 개혁적인 것만은 물론 아니다. 가령 MB 시대에는 온갖 어공들이 청와대와 부처에서 활약했지만 그들은 대개 4대강 사업과 같은 대통령 프로젝트 수행에 맹목적으로 팔을 걷어붙였고 일부 늘공(대표적으로 국토부장관·환경부장관 등이다)까지도 편을 먹었다. 개혁적인 성향의 어공은 늘공의 조직적인 반발이나 늘정의 뒷짐 지는 기회주의 때문에 자칫 낙마하기 쉽다. 문재인 정부에서 검찰개혁에 나섰던 조국 법무장관이 검찰 늘공에 의해 그러했고, 주택공급 정책의 변화를 내놓아서 기대를 받았던 변창흠 국토부장관은 선거 민심에 신경이 곤두서 있는 늘정에 의해 내쳐졌다.

늘정은 현실 정치권에 늘 포진해 있는 사람들이다. 현직 국회의원이 아니더라도 원외 지역위원장만 되어도 대접을 받고, 당직이 없더라도 미디어를 통해 존재를 알리다가 방송 프로의 패널 등을 맡으며 능숙한 말솜씨로 인지도를 높이기도 한다. 이준석 국민의힘 대표가 전형적으로 이 코스를 밟아 인지도를 높여서 성공한 케이스다. 보수 진영이건 진보 진영이건 현실 정치권에 늘상 머무는 늘정이 되면 언젠가 실세가 될 수도 있다는 가능성 자체가 하나의 권력이 되는 것이다.

나는 늘공의 입장을 기본적으로 이해한다. 안전 지향성, 그에 따른 복지부동 상황에 빠질 수 있는 입장에 있는 그룹이 늘공이다. 늘정의 행태 역시 기본적으로 이해한다. 현실 정치인이라면 권력을 잡기 위해 도전하고 또 도전하는 끈기가 필요하다. 정치 근력이란 금방 키울 수 있는 것이 아니기 때문이다. 사회를 바꾸고 싶은 이상 때문이든, 현실 정치가 마음에 맞아서든, 생계형 전문 정치를 추구하든(이것은 절대 나쁜 게 아니다. 생계를 유지할 수 없다면 정치에 오래 헌신할 수 없다), 정치 네트워크를 이용하고 싶어서든, 국회의원, 지방의회 의원, 자치단체장, 대통령이 되겠다는 목표 때문이든, 현실 정치인은 다른 어떤 일에서와 마찬가지로 긴 시간 속에 자신을 투입해야 한다. 그 과정에서 대중의 표를 의식하고 정무적 득실관계를 따지는 것은 늘정의 동기가 되게 마련이다.

아무리 늘정과 늘공의 각자 근본적인 입장을 이해한다 하더라도, 둘의 역학 관계에 대해서는 찜찜한 생각을 갖지 않을 수 없다. 늘공은 어공에 대해서는 엄청나게 견제하지만 늘정에게는 적절하게 예우를 갖춘다. 원외 인사라 할지라도 언제 당선되어 어떤 위치로 등장할지 모르니 미리 자락을 깔아두는 식이다. 국회 인사청문회에서도 늘정(국회의원 출신 내정자 등)은 가장 쉽게 넘어가고, 늘공(고위 공무원 출신 내정자)도 상대적으로 쉽게 넘어가지만, 어공(전문가 출신, 특히 소신이 뚜렷하고 임명자의 신임이 두터운 경우)은 심하게 공격받곤 한다. 늘정은 어공 또는 어정(어쩌다 정무직)을 견제하고 작은 흠결이라도 있으면 공격하며, 재빨리 낙마시키기에 바쁘다. 늘공과 늘정의 세상에서는 가까운 사람, 같은 계파에 속한 사람, 이해관계를 맞출 수 있는 사람, 협상할 수 있는 사람, 이용할 수 있는 사람, 때로는 위협도 가능한 사람이라는 기준이 작동한다는 현실이 안타까울 뿐이다.

*

내각책임제가 된다면 늘공과 늘정의 세상이 될 가능성이 높다. 멀리 갈 것도 없이, 일본이 딱 그렇다. 일본의 늘공들은 행정의 허리, 사회 안전 버팀목으로서의 역할에 대한 자부심이 높은 편이(었)다. 이런 자부심도 잠시, 늘정의 끼리끼리 정치가 계속되면서 견제력은커녕 줄서기가 만연해 경직된 관료주의 사회가 되어버렸다. 일본에서 야당이 집권한 것은 제2차 세계대전 이후 2000년대에 딱 한 번인데, 동일본 대지진의 쓰나미 재앙을 미숙하게 처리하는 바람에 기득권의 각종 공격을 받으며 재집권의 기회를 놓쳐버렸다. 결국 아베 내각이 탄생하며 다시 일당이 장기 집권하는 과거 체제로 돌아가버렸다. 일본이 코로나 위기 속에서 얼마나 경직되고 무능한 행정 체계를 보여주었던가? 국가 행정력에 대한 신뢰가 무너지는 것은 순간이었다. 계파와 세습으로 퇴행하는 정치 구조가 일본 사회의 밑동을 갉아먹어버린 것이다. 하나의 당이 장기 집권하면 시민들의 변화에 대한 희망의 불씨는 꺼지고, 사회의 혁신 동력이 떨어지며, 시민 활력이 사라지게 마련이다.

대통령제의 여러 결함에도 불구하고 내가 내각책임제를 반대하는 이유다. 내각책임제가 된다면, 우리 사회에서도 늘정이 늘공과 손잡고 국정을 좌지우지하며 기득권화할 것이다. 늘정이 돌아가며 권력의 정점을 차지하려 들고, 정당들의 이합집산이 심해질 것이고, 자칫 권력 나눠먹기가 빈발할 것이며, 지역주의의 망령이 다시 극성을 부릴 것이다. 온갖 연과 맥으로 형성되는 카르텔은 얼마나 공고해질 것이고, 행정 혁신은 얼마나 뒤처질 것이며, 민간은 혁신 동력마저 꺼지면서 대기업의 먹이사슬에 얼마나 빠르게 포획될 것인가?

늘정과 늘공의 세상이 되면 끼리끼리의 공작이 득세할 위험이 높아진다. 감사원이 정치적으로 죄였다 풀었다 하면서 늘공의 고삐를 꽉 쥐려 들고, 무소불위의 검찰이 늘정의 여러 약점들을 틀어쥐고 기소와 불기소의 선을 넘나들고, 사찰로 판사들마저 손아귀에 두려 할 것이고, 보수 언론들은 정치적 편향에 따라 선택적 공격의 수위를 높이며 권력을 조종하고 혁신과 개혁을 봉쇄하려 들 것이다. 이런 끼리끼리 세상을 용납할 수는 없지 않은가?

내각제가 잘 돌아가는 나라도 있지 않느냐고? 물론이다. 세계적으로 보면 대통령제보다 내각책임제를 택한 나라가 훨씬 더 많다. 특히 정당정치의 뿌리가 깊고 시민 참여와 거버넌스 (governance)의 역사가 긴 유럽의 나라들이 그렇다. 대표적으로 2021년에 마감한 독일의 메르켈 총리 체제는 안정적인 정치 행보와 월드 리더십까지 모범적으로 보여줬다. 연방제 국가에서 다당제와 연정을 통한 정치 수준이 높고, 동독과 서독의 대립이 해소된 이후에는 이념 갈등이 상당히 완화되었고, 다양한 종류의 조합들과 시민단체들과의 거버넌스 수준이 높기 때문이다. 이스라엘의 총리제가 탄탄한 것도 독립 국가 출범을 총리제로 했거니와 항상 외부의 적들에 둘러싸여 있어 국민의 공감대 수준이 높기 때문이다.

대통령제는 권력 집중이 문제여서 '제왕적 대통령제'라는 지적이 있어 왔으며 지금도 있다. 이승만 부정선거 독재, 박정희 장기 군사독재, 전두환 쿠데타 집권, 이명박 국가 사기, 박근혜 국정농단에서 보듯이 대통령제의 문제가 컸지만, 보수 집권 하에서도 상대적으로 업적이 있는 노태우·김영삼 정부가 있었고 진보 집권 하에서는 김대중·노무현·문재인 정부의 진화 발전도 있었다. 물론 어느 정부에서나 일부 측근의 부정부패가 있었고 시행착오를 낳은 정책도 있었다. 하지만 적어도 대한민국이 나아가야 할 방향을 제시하고 사회를 혁신하는 데 대통령제의 리더십만한 게 없다.

우리는 영영 내각책임제가 불가능한가? 그렇지는 않을 것이다. 여러 전제 조건들이 필요하다. 예컨대 한반도에서 전쟁 위험 요인이 사라지고 평화 체제가 뿌리내리면, 남북 간의 경제 교류와 인적 교류가 활발해져서 긴장과 반목이 줄어들면, 우리 사회의 지역주의가 훨씬 더 완화되어 정치의 지역색이 옅어지면, 국회가 정권 쟁투의 장이 아니라 건강한 정책 경쟁의 장이 되면, 국민의 정치 혐오증을 부추기지 않는 사회 분위기가 되면, 언론의 상업주의와 권력에 줄 대기가 더 이상 정치를 좌지우지 않게 되면 우리도 내각제가 가능해질 수 있다. 너무 이상적이라고? 우리가 지향해야 할 건강한 정치의 조건이 아닐 수 없다.

대통령제는 '승자독식제'(Winner takes all)라 비판받곤 한다. 그중에서도 인사권이 자주 도마 위에 오른다. 그런데 과연 대통령의 인사권이 비판받기만 해야 할까? 미국에서는 대통령이 바뀌면 약 7,000개의 자리가 바뀐다. 행정 권력을 놓친 늘정·늘공·어공들은 고연봉을 받고 기업으로 가서 일하거나 시민사회로 돌아가서 봉사하며 다시 칼을 열심히 간다. 사회는 이런 현상을 당연하게 받아들인다. 권한이 주어질 때 확실하게 권한을 갖고 그 권한을 단호히 행사한 뒤에 책임을 묻는 풍토다.

우리는 권력이 바뀌어도 늘정과 늘공이 나서고 언론이 분위기를 띄우면서 '탕평, 협치, 독립성, 중립성, 행정 연속성' 운운하면서 권력을 나누자고 주장한다. 대통령제의 가장 큰 장점을 무력화하려는 시도다. 대통령의 인사가 실패하고 국정 동력이 떨어지게 되는 가장 큰 이유가 바로 이런 '탕평·협치·중립' 타령이 아닐까? 문재인 정부에서 더욱 뼈저리게 느꼈던 바다. 이런 식의 권력 약화 시도가 문제다. 대통령제라면 대통령제의 특징을 잘

살려야 한다. 일은 사람이 하는 것이고 인사권은 대통령 리더십의 추동력을 만드는 데 가장 중요하다.

노회하고 노쇠한 정치권이 심심하면 들고 나오는 내각책임제는 이 시대 대한민국의 선택이 될 수 없다. 늘정과 늘공의 카르텔 세상으로 뒷걸음칠 수는 없기 때문이다.

3 놀이의 가치
노동의 가치를 복원하기 위하여

내 인생의 책 중 하나인 『인간의 조건』에서 정치사상가 한나 아렌트는 인간의 근본 조건에 대해 통찰하며 그것을 '노동·작업·행위(정치)' 세 가지로 간명하게 정의한 바 있다. 인간은 생명체로서의 생존을 유지해야 하기 때문에 필연적으로 노동(labor)을 해야 하고, 인간은 누구나 언젠가는 소멸하는 존재이기 때문에 불멸을 꿈꾸면서 무언가 의미를 부여할 수 있는 '작업'(work)을 추구하고, 인간은 홀로 살 수 없고 다른 사람들과 더불어 살아가야 하기 때문에 '소통 행위, 즉 정치 행위(action)'를 할 수밖에 없다는 것이다.

우리 시대의 문제는 이 근본적인 인간의 조건이 자꾸만 왜곡된다는 데 있다. 우선 노동 자체를 멸시하고 비하하고 폄훼하는 현상이 지나치다. 노동으로 얻은 소득보다 부동산·주식·코인·펀드 등으로 번 자산 소득이 월등히 높은데 어떻게 노동의 가치가 존중받을 수 있겠는가? 3D(dirty, difficult, dangerous)로 일컬어지는 일자리(건설 노동자, 공장 노동자, 환경 노동자, 가사 노동자 등)에 대한 비하와 외국인 노동자의 편의적 활용에 이르기까지 그 징후는 여러 형태로 나타난다.

그런가 하면 작업에 대한 인식은 온갖 과학기술의 발달에 지나치게 편중된 것처럼 보인다. 아니 그것을 향한 믿음이 마치 신을 숭배하는 수준이다. 특히 영생을 꿈꾸는 생명과학, 인간의 능력을 넘어서는 AI, 개인의 행태까지 예측하는 빅데이터 등의 기술은 세계관과 인간관을 바꾸게 할 정도다. 첨단 기술의 발전이 우리 삶의 질을 향상시키기만 할지 또는 인간의 존엄성을 위협하고 오히려 양극화와 지구 환경을 악화시키는 부작용을 낳을지 낙관론과 비관론이 상존할 수밖에 없다. 그런데도 그에 대한 대중의 인식은 한쪽으로 치우치는 경향이 없지 않다.

아렌트가 가장 중요하게 생각했던 정치 행위는 미디어 정치와 포퓰리즘 정치가 기승을 부리면서 그 본연의 순기능이 사라질 위험에 처해 있다. 정치 혐오, 권력 쟁투, 이념적 문화전쟁, 자국 우선주의, 자본권력의 득세, 언론 상업주의, 과도한 미디어 정치 등의 상황 속에서 정치 본연의 참여와 소통의 의미가 퇴색되는 것이다. 아렌트는 폭력의 세기였던 20세기 중반에 이 책을 쓰면서 '노동·작업·행위'의 본래적 의미를 회복해야 한다고 주장했는데, 아마 그가 21세기의 현상을 마주했다면 더욱 비관적으로 예측했을는지 모른다.

비관을 낙관으로 바꿀 수는 없을까? 적어도 부정을 긍정으로 바꿀 수는 없을까? 노동의 가치를 복원하고, 작업의 가치를 건강하게 세우고, 정치 행위의 가치를 축복하게 만들 수는 없을까? 바로 이 지점에서 나는 '놀이의 가치'라는 개념을 더하고 싶다. 노동·작업·행위의 근본적 의미를 복원하려면 우리의 삶에 '놀이의 가치'를 스며들게 해야 한다는 뜻이다. 한나 아렌트가 인간의 조건에서 간과한 것이 있다면 '놀이'라는 인간의 기본 욕구가 아니었을까?

여기서 또 다른 저명한 고전 사회학자의 책과 이론을 소환할 만하다. 소스타인 베블런의 『유한계급론』(*The Theory of the Leisure Class*)이다. '유한'(有閑)이란 말이 암시하는 부정적 이미지('유한마담' 하는 식으로), '계급'이라는 말이 시사하는 비판적 이미지 때문에 마치 상류층과 부유층을 공격하는 사회비판서로서만 해석되는 경향이 있다. 하지만 이 책의 가치는 20세기를 거쳐 21세기에 더욱 기승을 떨치는, '노동의 의무에서 탈출한 인간이 과시적 소비를 추구하며 형성되는 시장의 변화'를 무려 1899년에 예측했다는 점이다. 인간 본성에 내재해 있는 허영심과 과시욕이 어떻게 사회적 현상이 되고 경제와 산업에까지 영향을 미치는지 깊이 통찰하고 있다.

나는 이 책을 MIT 유학 시절에 '도시론' 강의의 참고 서적으로 처음 읽었다. 왜 도시론의 참고 서적인지 의문이 들었는데 이

책은 계급 비판만이 아니라 인간 본성을 정확히 짚으면서 현대 도시를 만드는 원동력을 간파했던 것이다. 과도한 노동의 압박에서 벗어나 '저녁이 있는 삶'과 '주말이 있는 삶'을 원하고, 그 단계를 넘어서 '한가함이 있는 삶'을 추구하며, 시간 강박에서 벗어나 '원하면 놀 수 있는 삶'을 희구하는 인간의 본능적 욕구를 직시한 것이다.

작금의 고도 자본주의와 세계 자본주의 사회에서 노동할 필요가 없는 유한계층이 즐기는 놀이와 과시적 소비는 극에 달하고 있다. 별 부끄러움 없이, 오히려 당당하게 허영과 과시를 추구한다. 패션·인테리어·명품·여행·식도락·예술품·디자인·스포츠·엔터테인먼트 등을 탐닉하면서 각종 신산업의 변화를 만들어내고 있다. 이것은 결코 상류층만의 트렌드가 아니다. 영상 미디어와 SNS가 발달함에 따라 유한계층의 라이프스타일을 선망하는 모든 사람들에게 스며들고, 다양한 수준과 방식으로 허영과 과시의 욕구가 표출되고 있다.

이런 현상을 어떻게 해석해야 할까? 베블런이 냉소적으로 서술했던 것처럼 과도한 허영과 천박한 과시적 소비를 비판할 수는 있지만, 또한 베블런이 냉철하게 직시했던 것처럼 허영과 과시와 소비 욕구 자체를 원천적으로 부정할 수는 없다. 오히려 적극적으로 건강한 허영 욕구를 인정하고 맛과 멋을 뽐내는 소비 행위를 지향하면서 '한가함이 있는 삶, 놀이가 있는 삶'을 축복하는 가치관을 뿌리내리게 하는 게 바람직하다. 사실 이러한 가치관은 최근 깨어난 세대들, 예컨대 돈보다 삶을 더 중시하는 세대, 천편일률적인 인생이 아니라 자신의 성향과 삶의 속도에 따라 자기만의 스타일을 추구하는 세대, 일과 삶의 균형을 중시하는 워라밸 세대, 일과 여행과 취미와 배움에서 새로운 깨달음을 찾는 세대들이 추구하는 가치관이기도 하다.

아렌트가 짚은 '노동과 작업과 정치'가 인간 생존의 조건이라면, '놀이'는 삶의 의미를 풍성하게 하는 인간의 조건이다. '웃음과 해학과 나눔과 유머, 내려놓음과 즐김과 놀이의 철학'은 아리스토텔레스·에피쿠로스·장자·노자·연암 등 여러 철학자들도 일찍이 주목한 바 있다. 놀이란 어쩌다 찾아오는 잠시의 일탈이 아니고 초상류층이나 유한계층의 전유물이 아니며, 모든 사람의 삶을 풍요롭게 하는 인간 특유의 재능이다.

*

이렇게 중요한 놀이의 가치를 어떻게 삶 곳곳에 스며들게 할 수 있을까? 우리 시대의 중요한 과제가 아닐 수 없다. '그냥 놀면 되는 거 아냐? 놀고 싶을 때 놀면 벌이는 어떻게 해? 돈이 있어야 놀지. 놀기만 하면 언제 일해? 놀 생각밖에 없는 거야?' 우리가 일상에서 자주 듣거나 하는 말이다. 일과 놀이를 대립 구도로 이해하는 관습적 태도에서 나오는 말이다. '일중독, 일벌레 증후군'은 산업화 시대를 숨 가쁘게 거쳐 오면서 자신도 모르게 우리를 지배한 중독증이다. 이 관습적 태도를 극복할 필요가 있다.

오늘날 놀이의 가치가 더욱 더 중요해지는 변화가 일어나고 있다. 거시적인 흐름으로 본다면 일자리는 물론 노동 시간도 계속 줄어들 것이다. 혁명적인 자동화, 첨단 산업화, 글로벌 시장화, 업무 네트워킹, 플랫폼 경제 사회로 빠르게 이행하면서 초래되는 변화다. 사람의 손과 정성과 지혜와 분별력이 절대적으로 필요한 일자리들, 예컨대 돌봄과 창조 작업, 인간관계, 그리고 의사결정 관련 일자리 외에는 전통적인 일자리들이 전반적으로 사라지고, 중간 관리층이 축소되고, 업무 처리에 필요한 시간도 점점 줄어들 것이다.

이렇게 일자리와 노동 시간이 줄어드는 시대에 '노동의 가치'와 '놀이의 가치'는 더욱 동등하게 온전히 확립되어야 한다. 모든 노동의 핵심 가치는 인간의 존엄을 지켜주는 것이다. 모든 인간은 일을 통해 자신의 존재감과 쓸모와 효능감을 확인하면서 살아갈 이유를 찾는다. 일자리가 줄어드는 사회에서도 이런 가치를 확인시켜줄 수 있는 일자리의 확보가 그리 중요한 이유다. 놀이의 핵심 가치는 인간다운 삶을 누리고 있고 누릴 수 있다는 깊은 충만감이다. '한가로움, 천천히 걸음, 조용한 산책, 정다운 만남, 의미 있는 대화, 서로 주고받는 이야기, 여유가 있는 삶, 멋이 깃든 삶' 등 이것은 놀이의 가치가 추구하는 모습들이다.

일과 삶의 균형, 노동과 놀이가 균형을 이룰 수 있는 조건을 고민해야 한다. 유럽의 몇몇 나라들에서는 벌써 3.5일제 도입을 검토한다. 우리 사회에서도 주 4일제 도입을 본격 검토할 시점이 머지않았다. 주 5일제가 자연스럽게 정착되었던 바 있고, 주 최고 52시간제가 도입된 후 현장에서의 여진이 있지만 안착하고 있듯이, 법적 노동시간 축소를 고민해야 할 시점이 다가온다. 오랫동안 논의해온 '일자리 나누기'와 '노동 양극화 완화'의 취지에도 맞고 '노동 복지'의 향상에도 큰 도움이 된다. 수입이 줄어들거나 생산성 문제는 어떻게 해결할 것인가? 우리 사회 전체의 업무 생산성을 높이고, 임금을 깎지 않고도 노동 생산성을 올릴 여지는 충분히 있다. 정기 수입이 줄어들더라도 제2, 제3의 가외 일자리를 선택하는 사람들도 있을 것이다. 늘어나는 여유 시간이 평생교육을 실현하는 데 기여할 수 있다.

놀이는 창조성을 높인다. 사는 맛을 새삼 음미하게 하고 다른 사람들과의 관계성을 높인다. 공유하는 놀이는 갈등을 줄인다. 이러한 놀이의 가치를 노동 현장, 업무 현장, 정치 현장에 녹여내는 과제가 중요하다. '놀이 복지'라는 말이 성립되도록 다양한 놀이 방식을 고민하고 놀이 수준을 높이는 노력이 필요하다. 공간과 시설, 그리고 사람들이 참여할 수 있는 프로그램들을 만들어야 한다. 재교육과 재훈련, 취미와 여가, 문화예술과 축제 등 시민들이 참여할 수 있는 다양한 통로를 마련하는 일은 우리 사회의 놀이 수준을 끌어올리고 선택의 폭을 넓혀줄 것이다.

놀이의 자유를 허하라. 놀이의 양극화가 아니라 놀이의 일상화를 꾀하라. 놀이의 가치는 노동의 가치, 작업의 가치, 정치의 가치를 새롭게 창조할 것이다. 인간의 모든 행위에 놀이의 철학을 녹여낸다면 노동은 강요된 의무에서 벗어나 존재의 가치를 확인하는 것이 되고, 작업은 돈과 권력과 명예를 좇는 게 아니라 그 자체로 즐거운 일이 될 것이며, 정치는 사람을 이용하고 도구로 삼는 게 아니라 소통하고 연대하며 갈등을 해소하는 본연의 가치를 회복할 것이다.

물론 나는 여기서 이상을 얘기하고 있다. 그러나 인간의 존엄과 삶의 의미를 말하면서 어찌 이상을 추구하지 않을 수 있는가? 땀 흘리는 노동의 가치를 회복하기 위해서, 의미를 찾는 작업의 가치를 추구하기 위해서, 서로 소통하는 정치 행위의 가치를 드높이기 위해서도 놀이의 가치를 기꺼이 인정하고 우리 삶 속으로 적극 받아들이자!

4 돌봄의 가치

시민이 이루는 사회적 가족, 사회적 이웃, 사회적 친구

우리 사회의 변화 속도는 정말 빠르다. '둘만 낳아 잘 키우자'라는 캠페인을 했던 게 어제 같은데 어느새 '저출생' 현상과 인구 급감을 걱정해야 하는 시대가 되었다. '저출산'이라는 용어는 여성에게 책임을 지운다는 느낌이 강해서 요즘은 '저출생'이라는 말을 쓴다. 저출생은 전 사회의 책임이라는 인식에서 출발한 용어다. 저출생 현상을 국가적 위기로 보고 지난 20여 년 동안 투자를 아끼지 않으며 보육 서비스를 늘리고 육아 휴직을 확대하고 출산과 육아 지원금 등의 프로그램도 도입했지만 저출생 문제는 그리 나아지지 않았다. 그도 그럴 것이 환경 자체가 아이 키우기에 너무 혹독하다. 양극화와 불평등의 가속, 저성장과 일자리 문제, 양육과 교육비 부담, 집값 앙등과 최근 코로나 위기까지, 전 사회적인 현상이 아이 낳기를 쉬이 선택할 수 없게 만든다. '결혼은 당연, 출산도 당연'이라는 전제는 진즉 깨졌다. '미혼'이란 말이 '비혼'(非婚)으로 바뀔 만큼 솔로들이 늘어났고, 아이를 낳지 않는 딩크(DINK, Double Income No Kid) 커플이 자연스럽게 받아들여진다.

1기 5개 신도시 중 하나인 산본 신도시 설계에 내가 참여했을 때 평균 가구원 수 3.8명 기준으로 인구 규모를 잡았고 그에 따라 학교, 상업 시설, 공공시설을 계획했다. 삼십여 년이 지난 지금은 어떨까? 통계청 인구주택센서스에 따르면 2020년의 평균 가구원 수는 2.3명이다. 1인 가구가 전체 가구의 31.4%를 차지하고, 2인 가구까지 포함하면 60%나 된다. 노부모 부양이 당연했던 적이 언제였는지 싶을 정도로 이제는 자식 세대보다 외려 노부모자신들이 독립생활을 원하는 비율이 높다. 교육과 일자리가 전국화되면서 대학 유학뿐 아니라 중고등학교 유학도 늘어나고, 직장 관계로 떨어져 사는 부부들도 많고, 부모한테 얹혀사는 캥거루족도 있지만 여건만 되면 독립하려는 젊은 세대가 훨씬 더 많고, 주택청약 자격을 얻기 위해 분가하기도 하고, 구직을 위해 홀로 대도시로 이주하는 경우도 많다. 모두 1인 가구가 증가하는 요인들이다.

이른바 선진 사회에서 목격하던 현상이 이제 우리 사회의 대세가 되면서 가족 중심 사회에서 개인주의 사회, 프라이버시 중시 사회로 변하고 있는 것이다. 이 흐름은 앞으로 더 가속될 개연성이 높다. 개인주의가 보편화되고 가족주의 문화가 뿌리째 흔들리면서 새로운 문제들도 등장한다. 가족이 쳐주던 보호막이 사라지는 것이다. 그동안은 복지 사각지대가 있더라도 가족과 친지가 돌봐주던 방어막이 작동했는데, 이제는 기댈 곳이 사라져간다. 이 문제는 젊은 세대에게도 노령 세대에게도 공히 적용된다. 약해진 가족 안전망을 보완하는 공공복지, 공공 안전망이 더욱 촘촘해져야 하지만 아직도 갈 길은 멀다.

벌이 좋고 힘 좋고 친구 많은 시절의 홀로 지내는 삶은 신나기 그지없겠지만 인생에는 어려움에 봉착하는 시간이 찾아오게 마련이다. 벌이는 어렵고 힘은 떨어지고 어려울 때 찾을 친구도 없어지는 때가 누구에게나 올 수 있다. 외로움은 무시로 찾아들고, 기댈 사람이 없어 자칫 고립감에 빠지고, 불안감을 달래지 못해 우울증에 걸릴지도 모른다. '코로나 블루'가 젊은 세대에게 더 치명적인 영향을 줄 수도 있다. 병간호가 필요할 때, 갑자기 코로나로 격리가 되어야 할 때, 부재 시 가족과도 같은 반려동물을 맡겨야 할 때처럼 일상 중 곤혹스러운 상황에 놓일 수 있다.

가족을 이룬다고 해서 삶이 수월한 것만은 아니다. 맞벌이로 생활하는 집에서 아무리 출산 휴가나 육아 휴직이 있더라도 일상에서 24시간 365일 지속되어야 하는 아가 돌보기, 유아원에 데려가고 데려오기, 방과 후 미성년 아이들 돌보기는 모든 부모의 가장 큰 고민이다. 코로나 시국에 학교가 문을 닫고 온라인 수업이 계속되고 학원마저 셧다운될 때 일하는 부모들은 패닉 상태에 빠질 수밖에 없다. 부모 역할의 일상적 피로감이란 누구에게 호소하기도 어려워서 더 힘든 의무감과 부담감의 연속이다. 육체적 피로감, 심리적 피로감이 극심해진다.

누구나 노인이 되고, 누구도 장애인이 될 수 있다. 이렇게 우리는 삶에서 도움을 받아야 하는 상황에 놓일 수 있는 존재들이다. 고령화 시대에 유엔은 이제 79세까지 장년으로 분류할 정도지만 우리 사회의 기준상 65세 이상 노령층은 전 인구의 17%를 넘었다. 장애인 인구도 5%를 넘는다. 이 중에 선천성 장애는 5.4%에 불과하다. 사고와 질병으로 장애를 얻는 경우가 그만큼 많다는 얘기다. 치매와 중증장애로 상시적 보살핌이 필요한 사람들도 있지만 평소 혼자 힘으로 살아갈 수 있더라도 때때로 도움이 필요하다. 건강이 나빠지면 장보는 일을 부탁해야 할 때도 있고, 운동 삼아 하는 산책에 동반자가 필요할 때도 있고, 외로움을 달랠 말벗이 필요할 때도 생긴다. 누구나 두려워하는 '고독사'를 미연에 방지하는 인간관계도 필요하다.

이렇게 삶의 외로움과 괴로움을 얘기하다 보면, 내가 누리는 지금의 삶이 얼마나 위태로운 토대 위에 있는지, 위기가 닥친다면 어떻게 일상을 꾸려갈 수 있을지 불안감이 엄습한다. 필요할 때 도움을 청할 데가 없는 막막한 상황을 떠올려보라. 아찔해진다. 홀로 사는 가구가 많아질수록, 각박한 대도시에서 가족도 이웃도 친구도 없이 살아갈수록, 가구수 없는 농촌 동네에서 의지할 데 없이 외롭게 지낼수록 불안감은 더욱 심해진다.

변화하는 인구 상황과 가족 구조 속에서 우리 사회는 이제 가족 돌봄을 넘어서 공공 돌봄을 적극적으로 확대하고, 사회적 가족, 사회적 이웃, 사회적 친구라는 새로운 개념의 사회적 돌봄을 고민해야 하는 당면 과제를 안게 되었다.

공공복지와 공공 돌봄은 꾸준히 확충되고 있다. 그 방향은 복지 체계의 수혜층을 넓히고 사회 안전망을 더욱 촘촘히 짜는 것이다. 비정규직과 플랫폼 노동자에 대한 각종 공공 보험의 수혜 대상을 늘리고 빈곤층과 사회 약자에 대한 주택 지원 및 생활비 지원, 실업 수당과 청년 수당의 폭을 넓히는 한편, 유아 케어, 보육, 방과 후 돌봄, 치매 돌봄, 장애인 케어, 노인 케어 등 기초적인 공공복지를 지속적으로 늘리고 있다. 아직도 사각지대가 많기 때문이다. 지자체들이 나서서 배려가 돋보이는 돌봄 서비스를 창안하기도 한다. 노약자를 위한 택시 서비스, 식사 제공 서비스, 자살 예방과 고독사 예방 프로그램들이 그것이다.

공공은 긴박한 서비스에 먼저 집중해야 하므로, 일상의 다양한 돌봄 수요를 모두 해소하기란 어렵다. 코로나 위기 속에서 격무에 시달리는 돌봄 노동자의 처우 문제가 대두되었다시피, 근원적으로 문제를 해결하려면 인원을 대폭 늘려야 하는데 단기간에 확대하기란 쉽지 않다. 그동안 가족과 이웃과 친구들이 서로 나눠서 해줬던 모든 돌봄을 완벽히 소화할 수 있는 공공 돌봄은 불가능하다.

이런 시대에 우리 사회는 새로운 가족, 새로운 이웃, 새로운 친구의 개념을 속히 정립해야 한다. 비록 혈연이 아니더라도, 가까이 살지 않더라도, 개인적인 역사를 공유하지 않는 사이라 하더라도 필요할 때 서로 가족과 이웃과 친구의 역할을 잠시 해주는 개념이다. 사회적 가족, 사회적 이웃, 사회적 친구가 좋은 점은 부담을 계속 갖지 않아도 되고, 필요할 때만 서로 도움을 주고받을 수 있다.

개인주의가 오랫동안 정착된 유럽 문화에서는 오히려 이런 사회적 가족 개념이 널리 받아들여진다. 결혼제를 넘어 동거제를 허용하고, 남남이 동거하는 사회적 가족을 인정하고, 타인이 모여 사는 사회적 주택이 다양하게 생기고, 사회적 기업과 협동조합에 복지, 교육, 문화예술과 관련된 수많은 사회 서비스를 위탁하는 것도 이런 철학 때문이다. 철학일 뿐 아니라 실용적인 대응 방법이다. 공공과 시장으로만 양분하지 않고, 그 사이에 '사회'라는 연결고리 개념을 둔 것이다. 공공은 역할을 확대하는 데 한계가 있고 자칫 경직되기 쉽다. 시장은 항상 이윤을 추구한다는 한계가 있어서 ㅂ자 병에 빠질 수 있다. 그에 반해 '사회적 개념'은 공공과 시장 사이에서 장점을 발휘할 수 있다. 우리 사회가 더 개척해야 할 영역이다.

2020년 서울시장 보궐선거에서 나는 열린민주당 후보로서 '돌봄 오아시스 플랫폼'이란 공약을 낸 바 있다. 소프트해 보이지만 야심 찬 공공 프로젝트다. "모든 시민의 인생에서 돌봄을 꼭 받아야 할 때가 있다. 모든 시민이 스스럼없이 돌봄을 청할 수 있고 모든 시민이 기꺼이 돌봄에 나설 수 있게 하자. '돌봄 마일리지'를 도입해서 시민이 스스로 적립하고 필요할 때 쓸 수 있게 하자. 남녀노소 누구나 나설 수 있다. 아이들에게 좋은 교육 프로그램이 될 수도 있다. 앱 플랫폼은 이 시대의 사회적 이웃을 만드는 데 아주 유용한 도구가 된다." 사회적 관계를 넓히자는 뜻이다. 각박하고 메마른 대도시에서 사회적 가족, 사회적 이웃, 사회적 친구를 해주면서 서로에게 오아시스를 만들어주자는 뜻이다.

몇 가지 원칙이 있다. 첫째, 돌봄은 사회적 약자에게만 필요하다는 고정관념을 깨고 모든 사람이 인생 어느 시기에 돌봄을 받을 수밖에 없는 현실을 인정해야 한다. 둘째, 돌봄은 여자만 하는 것이 아니라 남녀노소 누구나 일정한 역할을 할 수 있음을 독려해야 한다. 돌봄을 받을 권리가 있는 모든 사람은 돌봄을 베풀 의무도 같이 진다는 원칙이다. 셋째, 돌봄은 훈련된 전문가만이 할 수 있다는 고정관념을 깨고 소정의 교육만 받으면 누구나 할 수 있음을 긍정해야 한다. 넷째, 돌봄은 시설에서뿐 아니라 집에서도 이루어질 수 있게 해야 한다. 그렇게 해야 실현될 가능성이 높고 수혜 범위도 넓어진다. 사실 많은 사람들이 시설에 불편함을 느끼고 편안한 집에서 돌봄을 받고 싶어 한다.

'사회적 가족, 사회적 이웃, 사회적 친구'의 네트워크를 넓히는 데에는 내가 제안한 '돌봄 오아시스 플랫폼' 외에도 여러 방법이 있을 것이다. 사회적 교육(생태·환경·취미·직능 등), 사회적 주택(셰어 하우스, 모듬살이 주택, 소규모 사회적 주택, 조합주택 등), 사회적 복지 네트워크('돌봄 오아시스 플랫폼'의 핵심 조직) 등 모든 방법을 동원할 필요가 있다.

새로운 가족, 새로운 이웃, 새로운 친구 개념은 자발성과 선택성을 기본으로 한다. 가족이 자칫 무한 의무로 부담이 되고, 이웃이 프라이버시 침해 걱정을 하게 만들고, 친구가 서로의 사정을 걱정하게 만드는 것과 달리 사회적 가족, 사회적 이웃, 사회적 친구는 부담을 나눠지고 상대를 선택할 수 있는 방식이어서 개인주의 시대의 대안적 인간관계가 될 수 있을 것이다. 외로움도 덜 수 있고 자긍심도 올라간다. 돌봄을 주고받음으로써 우리는 서로에게 신뢰를 갖게 될 뿐 아니라 자존감도 높아진다. 소외감과 열패감에 시달리지 않는 사회를 만드는 일은 아주 중요하다. 고달픈 인생에서 서로에게 잠시 잠깐이라도 작은 오아시스가 되어주는 사회, 이 인간적인 이상을 포기하지 말자.

5 도시의 가치

포스트 코로나, 탄소 중립 시대의 도시적 삶

전혀 예기치 못했던 코로나 팬데믹은 전 세계를 패닉에 빠뜨렸다. 역사적으로 페스트, 스페인 독감 등 팬데믹이 지구촌을 강타했었고, 최근에도 사스, 메르스, 구제역, 신종 인플루엔자 등 전염병이 시시때때로 지구촌 곳곳을 휩쓸었지만, 코로나 팬데믹은 그야말로 지구촌 전체를 공황으로 밀어 넣었다. 백신이 나올 때까지 모든 국가가 트라우마를 겪고, 서로 간 접촉을 줄이기 위해 비대면 업무 방식이 보편화되고, 사람들의 이동을 억제하면서 여행업은 쇠락에 직면했다. 경기 쇠퇴, 의료 체계의 붕괴, 사회 혼란은 모든 국가의 당면한 이슈가 되었고, 이를 극복하느라 재정을 풀고 금리를 낮추며 경제 붕괴를 막기 위해 불가피한 조치를 단행했지만 그 과정에서 부동산 거품, 주식 거품이 발생하며 코로나 양극화라는 과제까지 떠안게 되었다.

코로나 팬데믹은 엄청난 심리적 충격을 주었다. 아니 이렇게 발전한 사회에서, 이렇게 개방된 사회에서, 이렇게 눈부신 첨단기술

사회에서 바이러스 하나를 이기지 못한단 말인가? 의료 보건 수준이 이 정도에 불과했던가? 축복인 줄로만 알았던 세계화가 이렇게 복수하는 것인가? 영화에서나 볼 법한 일들을 현실로 마주하면서 커다란 공포에 사로잡혔다. 우리는 다행히 봉쇄가 없었지만, 코로나 초기에 연일 뉴스를 통해 중국과 유럽의 봉쇄된 도시에서 인적 없는 길거리, 생필품 사재기로 아비규환이 된 마트, 중환자를 수용하지 못해 복도에 방치된 채 죽어가는 환자, 묘지에 쌓이는 시신들을 보며 먹먹한 심정이었다. 모든 사람들이 마스크를 쓴 장면을 거리에서 마주칠 때 처음에는 영화 속에 들어온 것처럼 생경하기만 했다. 이제는 마스크가 최고의 방역 수단임을 깨닫고 일상적으로 착용하게 되었지만, 어린 학생들이 마스크를 쓰고 노는 것을 보면 가슴이 미어진다. 코로나 팬데믹 시대에 자라나는 아이들의 세계관은 어떻게 형성될까?

다행히 코로나 백신 접종이 빠르게 진행되고 치료제도 나올 예정이어서 집단 면역을 이루고 독감 수준으로 관리할 수 있는 '위드 코로나' 시대를 기대해보게 되었다. 그러나 그대로 끝난 게 아니었다. 2021년 말에 백신의 효과를 무력화하는 변이 바이러스가 출현하면서 또 다른 위기로 번지며 우려를 낳고 있다. 훨씬 더 전염성이 높은 오미크론이 다시 지구촌을 삼켜버릴까, 혹은 일부 학자들이 예측하듯이 전염성은 높아도 치명률은 낮아서 계절적 풍토병 수준으로 관리할 수 있을까, 아니면 또 다른 변이 바이러스가 출현하는 것은 아닐까?

코로나 팬데믹이 던진 가장 무서운 경고는 지구촌을 삼키는 재앙이 수시로 찾아올 수 있다는 것이다. 코로나의 발생과 빠르게 전파된 원인으로 동물 서식지의 무차별한 환경 파괴로 인간과 동물 사이의 경계가 무너졌다는 사실, 그리고 세계화로 인해 인간 사이의 경계가 무너졌다는 사실을 지목하고 있다. 국지적인 위험이 글로벌 위기로 증폭되면서 지구적 재앙이 되어버리는 이런 사례가 과연 코로나 팬데믹으로 그칠까?

그 와중에 최근 지구촌 곳곳에서 발생하는 기후변화 현상은 지구적 재앙의 전조를 더욱 절감케 한다. 기후변화는 긴 시간 동안 진행되어왔지만 그동안 일과성으로 문제제기만 했는데, 코로나 위기와 겹쳐 더 진지하게 고민하게 된 것이다. 폭우, 가뭄, 폭설, 혹서, 혹한, 해안 침식, 빙하 소멸, 바다 수온 상승, 지구 평균 기온 상승 등 지구는 불길한 재앙의 전조로 가득하다. 지금처럼 기후변화가 가속되다가는 인류는 어떤 재앙에 맞닥뜨릴지 모른다.

*

코로나 팬데믹과 기후변화 재앙이 인류에게 일깨운 것은 한마디로 '기본에 충실하라!'이다. 재앙 이후의 수습도 중요하지만 무엇보다 예방이 최고다. 사실 예방책은 이미 다 알고 있는 기본에 충실하는 것이다. 다만 실천이 어려울 뿐이다. 누릴 것 다 누리고, 마음껏 소비하고, 마구 파헤치고 버리고, 함부로 베어내고 불태우고, 물 쓰듯 쓰는 행태가 계속되는 한 기본에 충실할 수가 없다. 지구와 생명체들이 인류에게 가역 불가능한 레드카드를 내밀기 전에 다시 기본을 생각하고 실천할 때다.

인류는 과연 정신을 차릴까? 코로나 위기가 지나고 나면 마치 아무 일도 없던 것처럼 옛날로 돌아가버리지나 않을까? 항상 그래왔듯이 자국 우선주의, 개발 우선주의, 단기 수익성 우선, 다국적 기업의 환경 착취, 규제 완화 로비 등 위험 소지는 다분하다. 특히 유권자의 표를 의식할 수밖에 없는 정치 현실에서 포괄적이고 장기적인 계획이 꾸준히 실천되기란 쉽지 않기 때문이다. 더욱이나 강대국이 자국 우선주의로 나오면 앞으로 나아갈 수 없다. 일례로 미국 트럼프 대통령이 재임 시 파리기후협약에서 갑작스럽게 탈퇴함으로써 기후변화 위기에 대한 인식과 정책 추진을 크게 후퇴시킨 바 있었다.

최근 글로벌 어젠더로 부상한 '탄소중립사회, 기후변화협약, 그린 뉴딜'은 바로 이런 대전환을 전제로 기본에 충실한 삶을 뿌리내리게 하려는 지구공동체적 노력이다. 탄소중립의 목표는 기업이나 개인이 내뿜는 배출량에 버금가는 이산화탄소를 다시 흡수하기 위해 탄소배출을 제어하거나 탄소세를 채택하는 획기적 방식이다. 각국 단위에서뿐 아니라 글로벌하게 연대해서 제조업과 무역 및 관세에 대한 정책을 공동으로 편다면 효과적인 지구 회복 프로젝트가 될 것이다. 에너지 관련 분야에서 일어나고 있는 '그린 뉴딜'은 실제적인 산업정책으로 지구 재앙을 막고 신산업을 키우는 것으로 피할 수도 미룰 수도 없는 대전환 정책이다.

지구 환경을 배려하는 기본 원칙들은 사실 실천하기 그리 어렵지 않은 상식에 속하는 것들이다. 예를 들면 에너지 절약, 화석 연료 감축, 대체 에너지 발굴과 재생 에너지 확대, 자연 생태계 보호, 수질 개선, 도시 집약 개발, 토지 오염과 해양 오염 방지, 생물 다양성 확보, 육식 절제, 대체 식자재 개발, 쓰레기 줄이기 등 이미 잘 알려진 방법들이다. 하지만 이런 상식을 지킨다는 게 가장 어렵다는 사실을 새삼 깨닫게 한다. 분리수거를 철저히 실천하는 우리지만 코로나 비상시국에서 제동이 걸렸다. '집콕'이 대세가 되니 택배와 배달 음식이 늘어나고 그러다 보니 일회용품과 쓰레기 줄이기 원칙을 지키기가 어렵게 되는 식이다. 코로나 상황은 여러 가지로 우리의 사는 방식을 다시금 돌아보게 한다.

*

코로나 위기는 도시의 기본에 대해서도 다시 한 번 생각해보는 계기가 되었다. 사실 도시만큼 '기본에 충실하라'는 원칙이 절실한 공간도 없다. 에너지를 가장 많이 쓰고 소비를 가장 많이

하고 상업주의에 가장 많이 노출되어 있고 사람들이 가장 많이 모여 사는 공간이기 때문이다. 도시화 지역에 사는 세계 인구가 절반을 넘어섰고, 대한민국 인구의 90% 이상이 도시화 지역에서 산다. 도시를 어떻게 긍정의 공간으로 만드느냐, 도시의 가치를 어떻게 빛나게 하느냐에 따라 인류의 행복과 건강과 미래가 좌우될 것이다. 몇 가지 점만 짚어보자.

첫째, 코로나 시대, 위드 코로나 시대, 포스트 코로나 시대에서 도시는 오히려 더욱 긍정의 공간으로 거듭날 수 있다. 코로나 팬데믹 초기에는 대도시를 탈출하려는 사람들이 줄을 이었다. 하지만 막연한 공포 심리가 가라앉고 방역의 메커니즘이 작동되자 도시가 오히려 안전하다는 것을 깨닫게 됐다.

'도시는 환경 파괴, 농촌은 환경 보전', '도시는 불건강, 농촌은 건강'이라는 등식은 그릇된 고정관념이다. 모든 기반 시설이 집약된 도시가 띄엄띄엄 흩어져 사는 농촌보다 총체적으로는 에너지 절약에 더욱 효과적이며, 적절하게 집약도시를 개발함으로써 자연 생태계를 보전할 수 있고, 사회 운용에 필요한 각종 서비스를 더 낮은 비용으로 공급할 수 있다. 도시는 밀집해 살기 때문에 문제가 누적된 공간이기도 하지만 또 다른 측면에서는 해결책을 지닌 공간이 될 수 있는 것이다.

둘째, 사람답게 사는 도시적 삶의 욕구는 더욱 강해질 것이다. 코로나 국면에서 비대면이 일상이 되다보니 모든 활동이 온라인 중심으로 이루어진다. 거리와 광장의 소멸을 말하는 전문가들도 있지만, 인간의 사회적 본능 자체를 거스를 수는 없다. 사람들이 모여 사는 도시에서 타인과의 대면 접촉 욕구는 언제나 살아있을 것이다. 코로나는 그동안 당연하게 여겼던 삶의 양태, 예컨대 집과 일터는 떨어져 있고, 집은 잠만 자러 들어가는 곳이거나 쉬기만 하는 곳이라는 인식을 크게 바꿀 것이다.

셋째, '자립성과 연결성'을 제대로 살리는 도시의 공간구성과 콘텐츠가 더욱 주목 받을 것이다. 다기능이 가능한 집, 직주근접이 가능한 동네, 일상적인 쇼핑과 외식이 가능한 동네, 가벼운 산책이 가능한 동네, 더욱 많은 나무가 자라고 더욱 많은 땅이 보이는 동네, 녹지가 서로 연결되는 도시 개념이 부상하고 있다. 이런 도시가 에너지를 덜 쓰고, 쓰레기를 덜 만들고, 더 안전하고 더 건강하고, 더 따뜻한 일상을 만들 뿐 아니라 사업도 잘되는 터전이 된다는 사실을 깨닫게 될 것이다.

가령 여태까지는 실내로 바꾸기만 했던 발코니가 제 기능을 찾아 이젠 마음껏 숨 쉴 수 있는 공간으로 탈바꿈할 것이다. 자가용 사용을 자제하고 대중교통을 이용하고 특히 거리를 걷는 것은 도시 생활의 기본이 될 것이다. 코로나 위기에서 광역 상권 지역들이 큰 피해를 입은 반면 동네 생활권의 가게들은 상대적으로 피해가 덜했다. 이처럼 새로운 소비지역으로 부상하는 동네 생활권을 튼튼하게 만들려 노력할 것이다. 직장이 집 가까이 있는 직주근접의 삶은 에너지 소비를 크게 줄일 것이다. 건물의 지붕과 옥상과 벽면은 태양광과 녹화사업의 공간으로 바꾸고, 공원이나 자연 녹지뿐 아니라 거리 곳곳에 꾸준히 나무를 심어야 할 것이다. 건물과 길이 만나는 부분에 사람들이 쉴 수 있는 공간을 만들고, 지하철역과 버스 정류장 근처 등 교통 요지에 다양한 문화·복지·보건·교육 공간들을 만들게 될 것이다. 이런 도시적 삶의 기본을 제대로 살리는 것이야말로 환경 재앙을 예방하는 동시에 코로나 위기를 넘어 도시의 가치를 높이는 가장 실천적 방식이다.

*

도시적 삶의 기본 원칙들을 실천하면서 도시의 가치를 높이는 데 이미 성공한 도시들이 있다. 우리가 부러워하는 이른바 환경 도시들이다. 코로나 이전, 이후에도 강한 생명력을 보여주는 도시들이다. 그중에서도 모범적인 유럽의 환경수도인 독일 프라이부르크는 수십 년 동안 시민과 함께 노력하여 눈부신 성과를 이루었다. 태양열-태양광 주택, 단열재를 보강하는 리모델링으로 전기 소비를 줄이는 한편 태양·바람·지열·쓰레기를 활용하는 재생 에너지로 전기 생산량을 늘리면서 도시 인근의 흑림 숲에 지으려던 원전 건설을 막아냈다. 주차장을 설치하는 대신 전차·

버스·자전거 등 대중교통 수단을 늘리고 도심 주행 속도를 낮추어 에너지 절약을 실천했다. 숲과 물길을 살리고, 바람길을 내는 도시 구성으로 걷기에 좋고 여름에 시원하고 공기도 청정한 환경을 만들었다. 도시 곳곳의 광장에는 주기적으로 야외 마켓을 열어서 도시 주변의 농부와 시민을 연결하여 건강한 식문화와 농업 활성화라는 두 마리 토끼를 잡았다. 새로 짓는 주택단지는 밀도를 높여서 토지를 집약적으로 활용하고, 기존 주택들을 리모델링할 때 공공자금을 투입해 임대주택 수를 늘리는 효과를 냈다. 이 모든 활동을 신산업과 연결시켰는데 이는 가장 지혜로운 도시 산업 정책이었다. 프라이부르크의 환경 산업, 태양광 소재 산업은 비약적으로 발전했다. 환경 훼손을 줄이며 자연을 즐기는 에코 투어리즘의 확대와 더불어 수많은 일자리를 창출해냈다. 부러운 성과다.

우리라고 못하리라는 법이 있는가? 걷고 싶은 도시, 에너지를 생산하는 도시가 왜 불가능하겠는가? 미래는 상상하는 사람의 것이자 실천하는 사람의 것이다. 코로나 팬데믹과 기후변화 재앙으로 인해서 지구촌 전체가 기본에 충실한 에너지 정책과 도시 정책을 채택하게 되는 계기가 되었다고 역사에 기록되기를 바란다. 우리는 할 수 있다. 우리는 도시를 다시 태어나게 하고 더욱 지혜롭게 지구를 지킬 수 있다.

6 시빅 리더십

'이미 선진국'의 소프트 파워

요즘 식당이나 카페 등에 가면 전화 한 통으로 방문 기록이 끝난다. 코로나 초기에는 출입 명부를 작성하느라 시간이 걸렸고, 안내대 앞에 앱 인증 줄과 명부 작성 줄이 동시에 세워지는 등 어지러운 상황이 비일비재했다. 폰 인증 이후 자리에 앉아 전화 한 통이면 오케이다. 스마트폰 강국, 앱 강국 대한민국을 느끼는 순간이다.

코로나의 시간을 거치면서 대한민국은 우리도 모르는 사이에 선진국이 되었다. IT 전문가 박태웅은 저서 『눈 떠보니 선진국』에서 이 현상을 주목하고 선진국으로서 우리 사회가 진지하게 성찰해야 할 과제들을 제시했다. 당면한 정책 과제 이상으로 우리 사회의 가치관과 마인드와 사회 행태를 선진국 수준으로 끌어올려야 한다는 메시지다.

역설적으로 코로나가 '눈 떠보니 선진국'을 만든 것은 분명하다. 방역의 성공과 빠른 백신 접종, 경제 선방으로 세계가 예찬하는 성과를 이루었기 때문만은 아니다. 일부 종교 집회, 태극기 집회 등의 집단 일탈이 있었으나 대부분의 국민이 방역 지침을 지켰고 소상공인은 치명적인 손해를 감수하면서까지 영업시간 단축을 따라주었다. 위기 속에서 우리 국민의 저력은 항상 빛난다. 아무리 보수 언론이 방역을 흔들고 백신 안전성에 대한 공포 마케팅을 하며 정부 계획을 흔들어도, 문재인 정부는 꿋꿋하게 원칙을 지켰고 현장의 실천에 중점을 두었다. 불만도 불안도 있었지만 '국가의 역할에 대한 기대와 신뢰'를 높였다.

세계가 나서서 대한민국을 주목했다. 2021년 OECD의 정부 신뢰도 조사에서 대한민국은 45%를 기록하며 37개국 중 20위에 올랐다. 2017년 24%(32위), 2019년 39%(22위)였는데, 이 신뢰도가 더욱 높아진 것이다. 2021년 UN 산하기구인 국제연합무역개발협의회(UNCTAD)가 대한민국을 개발도상국에서 선진국으로 지위를 올렸는데, 1964년 설립 이후 처음 있는 일이다. 2020년 코로나 위기 속에서도 국내 총생산량이 1조 5,512억 달러로 세계 10위, 수출 규모는 5,125억 달러로 세계 7위, 1인당 GDP는 3만 1,497달러를 달성했으니, 객관적 수치로 선진국 지정 요건은 충분했을 것이다. 하지만 경제 실적만을 고려한 것은 아니다. 세계 2위 경제 규모인 중국이 아직 개발도상국 지위에 머물러 있으니, 대한민국의 경제·사회·산업·기술·문화 등 모든 면에서의 성장 잠재력을 종합적으로 평가했다고 봐야 할 것이다.

2021년 영국에서 열린 G7 회의에 초대된 대한민국이 G10의 위상을 떨치는 모습에서 그 평가가 틀리지 않았음을 확인할 수 있다. 각국 정상들이 대한민국의 리더십을 예찬하고 각종 파트너십을 구하는 모습은 경탄스러웠다. 해방 75년, 분단 70년, 독재와 쿠데타로 점철되었던 어두운 현대사, 4·19 혁명과 광주혁명 등 민중이 흘린 피의 비극, 수많은 경제 위기와 외환위기와 코로나 위기를 뚫고 대한민국이 이룬 큰 성과가 고스란히 드러났다. 세계가 보내는 예찬을 겸손하고 품격 있게 또한 내실 있게 대응하는 문재인 대통령의 태도는 더욱 신뢰를 높였다.

만약 정치적 성향 때문에 문재인 정부가 이룬 성과를 도저히 인정하지 못하겠다면, 대한민국이 세계에 떨치고 있는 소프트 파워에 주목해보라. 누구라도 감탄할 것이다. 2019년에 「기생충」의 봉준호 감독은 아카데미의 핵심 3개 부문인 작품상-감독상-오리지널 각본상을 수상했다. 절정에 이른 창의력·기획력·연출력을 세계무대에서 보란 듯이 입증한 것이다. 다음 해에 다시 윤여정이 아시아 배우 처음으로 여우 조연상을 받은 뒤 수상무대에서 전 세계인에게 유쾌한 유머를 선사했을 때 우리 모두 흐뭇해하며 더 큰 성장을 기대하게 됐다.

BTS의 활약을 보면서 입가에 저절로 미소가 떠오르지 않는 사람은 없을 것이다. 빌보드 차트 1위 석권이나 그래미 어워드

출연에 환호하는 수준은 이미 넘었다. 이제 전 세계에 희망과 긍정의 에너지를 전파하는 BTS 현상을 만들며 K-팝의 정점을 찍고 있다. 「퍼미션 투 댄스」에 맞춰 춤추며 유엔 총회의장을 누비는 모습이 뿌듯하기만 했다. 미래 세대에게 희망의 메시지를 전파하는 BTS의 감동이 세계인의 마음을 '버터'처럼 녹였다.

넷플릭스 최고의 히트작이 된 드라마 「오징어 게임」은 양극화의 지옥 속에서 밑바닥으로 내몰린 사람들의 잔혹한 서바이벌 게임을 그렸다. 목숨을 내건 경쟁 속에서도 인간성과 연대의식을 간직한 등장인물들이 공감을 주었다. 판타지 같은 디자인과 잔혹한 리얼리티의 대비는 연출의 백미다. 이미 2012년 싸이의 「강남스타일」이 글로벌 히트를 칠 때부터 심상찮은 조짐이었다. B급이라 치부하던 거리문화, 유치하다 여기던 동심의 놀이문화, 미숙하다 여기던 청년문화, 보잘것없다고 무시하던 보통 사람의 일상문화가 다이내믹한 예술로 다시 태어나고 있는 것이다. 명품 브랜드로 치장하며 계급을 과시하는 천박한 부유층의 가짜 고급문화에 대한 통쾌한 일갈이 아닐 수 없다. 「오징어 게임」 이후 더 큰 대박을 터뜨린 「지옥」(Hellbound) 또한 감탄이 나온다. 긴박하게 빨려 들어가는 미스터리 속에서 죽음과 삶, 신과 인간, 종교와 조직폭력, 심판과 희생 등 인간 존재에 대한 깊은 철학적 질문을 담아낸 수작이다.

어떻게 대한민국의 소프트 파워가 이리 커졌을까? 사실은 이미 크게 성장했는데 그 잠재력이 이제 폭발하고 있다는 해석이 더 맞을 것이다. 세계 시장이 열리고, 세계 문화의 축이 아시아로 이동하는 흐름 속에서 중국과 일본에 비해 훨씬 더 자유분방한 대한민국의 스피릿이 주효하게 작용했다. 그렇다면 어떤 사회 분위기가 소프트 파워를 키울까? 첫째, 자유로운 생각과 표현을 억압하지 않는 민주적 분위기와 블랙리스트가 통하지 않는 분위기가 창조의 토양이 된다. 둘째, 우리 사회의 현재적 문제를 고발하는 통렬한 비판의식이 사회적 메시지를 만들어내는 토양이 된다. 셋째, 일상문화와 현재적 삶을 사랑하고 상상의 보고로 삼아서 창조의 단서를 찾을 때 문화적 역량이 분출한다. 포용과 자유, 비판의식과 긍정 마인드, 문화적 자존감과 예술적 표현력이 만나 소프트 파워를 분출하게 하는 것이다.

*

　소프트 파워는 무한하다. 문화예술 분야뿐 아니라 뉴테크 분야에서도 통한다. 기술과 문화예술이 융합될 때 임팩트는 훨씬 더 커진다. 재능 있는 시민이 다양한 방식으로 사회적 이슈를 해결하는 데 참여하는 이른바 시빅 리더십(civic leadership)의 등장이 기대를 모으고 있다.

　'시빅 해킹'(civic hacking)이 그 첫 발을 떼었다. 해킹이란 말이 들어가니 무슨 나쁜 일인 것 같지만, 코로나 초기에 마스크 대란을 겪을 때 시민개발자들과 정부가 힘을 합쳐서 '마스크 앱'을 만들어 혼란을 막았던 것이 최초이자 최고의 개가였다. 시빅 해커들의 철학은 민간기업이 기술을 독점 이용하는 것에 반대하고 시민들의 정보 접근성을 높여서 공익을 확대하는 데 있다. '마스크 앱' 운영이 가능했던 것은 정부가 공공 데이터를 공개하고 시빅 해커들이 그 정보를 쉽게 이용할 수 있는 앱을 개발하여 보편적으로 공급했기에 성공할 수 있었다. 청년 기술개발자들과 정부가 협업하여 혼란을 막았을 뿐 아니라 사회적 신뢰를 높이는 데 큰 역할을 했다. 시민들은 '대견하다, 이렇게 열심히 하는구나!' 하며 뜨거운 반응을 보였다.

시빅 해킹의 가능성은 무궁무진하다. 공공 데이터를 독점하지 않고 공개하기만 한다면 오픈소스를 활용해 수많은 도시 서비스를 관리할 수 있다. 이를테면 수목과 녹지 관리, 수질 관리, 환경오염 지수 관리, 도시계획 의사결정 관리 등이다. 또한 인허가 과정, 지역별 임대주택 재고, 심지어 아파트 분양원가 공개와 재건축·재개발 분담금 비교와 같은 것도 가능하다. 모든 공공 과정이 오픈소스를 통해 비교하고 검증함으로써 행정의 신뢰도는 물론 실제로 행정의 효율성을 높이고 재정의 낭비, 'ㅂ자'가 끼어들 소지까지도 막을 수 있다.

시빅 리더십은 다양한 사회 서비스와 복지 서비스 영역에까지 확대될 수 있다. 최근 스타트업에서 주목 받는 아이템은 각종 건강·복지·스포츠·문화·케어 서비스의 플랫폼 구축이다. 많은 지역과 도시에서 이들의 창업을 지원한다. 대부분 젊은 세대들이 참여하는 창업 벤처들이다. 앞 장에서 돌봄의 가치를 회복하기 위한 '돌봄 오아시스 플랫폼' 이야기를 했는데, 바로 이런 다양한 네트워크가 가능하기 때문에 제안할 수 있었다. 공공에서 행정 인력으로 할 수 있는 사회복지문화 서비스에는 여러 제약이 있는 반면, 사회적 네트워크를 이용해서 서비스 수준을 올릴 수 있는 영역은 무한하다. 일자리도 창출하고, 세금도 절약하고, 시민을 위한 서비스 수준도 현격하게 올라가는 등 효과가 크다.

궁극적으로 사회적 경제와 연계될 때 시빅 리더십은 최대한의 성과를 기대할 수 있다. 사회적 경제란 공공과 민간 사이를 이어주는 제3의 영역이다. 사회적 기업, 협동조합, 마을기업, 자활기업, 농어촌공동체 회사 등 사회적 경제 조직을 통해서 협력과 연대를 바탕으로 공공의 이익과 사회적 가치를 실현하면서 경제활동을 영위한다. 유럽의 복지국가에서 널리 쓰이는 방식이다. 예컨대 주택을 개축하려면 조합을 만든다. 시장 이익을 추구하는 게 아니라 회원 모두가 원하는 가치를 최대한 실현하기 위한 방식을 모색한다. 하다못해 스포츠 팬클럽을 만들 때도 바로 조합을 결성한다. 공정하게 돈을 모으고 투명하게 운영하고 지속가능한 조직을 만들기 위해서다. 최근 우리 사회에도 다양한 사회적 경제 조직이 등장하고 있다. 청년을 위한 사회 주택, 특화된 농산품의 생산과 유통, 문화적 공산품의 생산과 유통, 지역사회의 동네 부엌과 육아 서비스, 낙후된 지역사회의 활성화 사업 등을 개척하고 운영하는 사회적 기업들이다.

사회적 기업을 통한 사회적 경제는 양극화 문제와 일자리 감소 문제를 해결하는 돌파구가 될 수 있다. 또한 인간의 삶에 절대적으로 필요한 일자리·주거·육아·교육·돌봄 영역까지 파고든 자본주의 시장논리를 극복하는 데 도움이 될 수 있다. 공공행정이 책임지기 어려운 서비스를 제공하면서 영리 기업과는 차원이 다른 건강한 경제 활동을 추구하는 것이다. 그 가능성은 무궁무진하고, 이런 활동을 통해서 시빅 리더들이 자생하면서 더 많은 시빅 활동들을 육성해낼 것이다.

재능은 '달란트'다. 하늘이 준 선물이다. 그 재능을 발휘할 때 얼마나 신나겠는가? 돈 벌자고 하는 일보다 사람들을 위해서 하는 일, 스스로 즐거워서 하는 일은 신명이 난다. 시민이 나서서 시민을 위한 일을 할 때 저절로 우러나는 즐거움이 신나는 사회를 만든다. 물론 공공은 시빅 리더들과의 네트워킹을 지원하고 독려하고 전파하고 성과를 공유하는 역할을 해야 한다.

시민들이 스스로 시빅 리더로 태어나고, 시빅 리더십을 기르고, 그런 시빅 리더십이 활발해질 때 우리 국민들이 느끼는 행복은 더욱 커질 것이다. 대한민국의 객관적 성과지표는 탁월한 반면 국민의 행복지수는 OECD 37개국 중 35위(2020년 순위)에 그치고 있으니, 뭔가 잘못되어도 크게 잘못되었다. 경제 선진국이 된다고 해서 국민의 행복감이 커지는 것은 결코 아니다. 다시 말해 돈이 많다고 행복해지는 것은 아니다. 시빅 리더십이 발휘될 때 우리의 행복지수도 그만큼 올라갈 것이다.

7 뉴테크 리더십
경제＋산업＋디지털＋기후변화＋평화의 동력

'서생의 문제의식과 상인의 현실 감각으로!' 김대중 대통령의 이 명언은 그가 진정 실사구시자의 인식을 지니고 있었음을 보여준다. 그는 민주주의에 대한 믿음과 시장에 대한 통찰력을 겸비한 거인이었다. 정치적 생명뿐 아니라 물리적 생명까지 위협받는 상황에서도 사회가 돌아가는 메커니즘을 꿰뚫는 작업을 계속했고, 감옥에서도 공부를 이어가며 대중경제에 대한 지도를, 평화에 대한 큰 그림을 그려나갔다. 그가 열었던 벤처의 시대는 IMF 위기를 돌파하고 디지털 강국으로 발돋움할 수 있게 했다. 김대중 대통령은 상고를 나왔다.

노무현 대통령 역시 상고를 나왔다. 특허를 여러 개 보유했고 청와대 '이지원'이라는 정보관리 소프트웨어를 고안할 정도로 테크 활용 마인드가 강했다. 식당을 운영했고 생수 사업을 하다 망하기도 했는데, 밥벌이를 위해 창업하고 실패를 해봤다는 것은 귀중한 체험이다. 이명박이 연줄에 기대서 쉽게 돈 벌려고 현대자동차의 하청업체로 '다스'를 설립한 것과는 차원이 다르다. 노무현 대통령은 R&D 투자를 획기적으로 늘렸고, 국토균형개발을 사회개혁과 경제발전 이슈로 부상시켰으며, 남북경제개발의 로드맵을 그렸다. 그의 정치개혁 어젠더는 강렬했다. 언론은 정쟁적 이슈만 조명하기 바빴지만, 실제 노무현은 기술과 경제, 개발과 복지를 정치사회 이슈로 연결시키는 철학과 테크 마인드를 갖춘, 그야말로 구시의 정신으로 실사했던 진정한 실사구시 리더였다.

실사구시 리더들은 어떤 시대에 처하든 뉴테크에 관심이 없을 수 없다. 세종대왕이 장영실을 가까이하고 여러 기회를 주었던 것도, 정조가 신행정수도 역할을 할 화성을 짓고 군대를 양성하면서 다산 정약용과 수많은 실학자들을 기용했던 것도 실천 감각과 당대 뉴테크 리더십을 갖췄다는 증거다. 익히 알려진 대로 르네상스 시대의 도시 영주들은 전쟁과 권력 쟁투를 일으키는 한편 당시 급부상한 금융업과 시장 유통업을 활용하고, 성벽과 도로와 수로 등 도시 인프라 기술과 건축기술을 발전시키고, 문화예술을 적극 지원하고, 도시 경영과 시장 운용에 다방면으로 활용하면서 경쟁력을 높였다.

실학과 목민 철학의 거인으로만 알았던 다산 정약용을 내가 새삼 더 존경하게 된 것은 그가 당대의 신행정수도인 화성을 조성하는 데 핵심 역할을 했다는 사실을 알고 나서다. 다산은 화성의 높은 성벽을 쌓으려 벽돌 옹성 공법을 고안했고, 벽돌 생산체제를 갖췄고, 공기를 단축하고 노동 부담을 낮추려 기중기를 설계했고, 화성 행차를 위해 한강에 배다리를 설치했던 공학자이기도 했다. 게다가 노동자 수와 수당까지 기록한 인력 관리대장을 『화성성역의궤』에 기록으로 남길 정도로 꼼꼼한 행정가였다. 정약용은 개혁 군주 정조의 실사구시 철학과 맞물려 자신의 역량을 최대한 발휘할 수 있었던 것이다.

*

테크 리더십 측면에서 역대 대통령을 생각해본다. 이승만 시대는 아예 거론할 게 없고, 군인 출신인 박정희는 경제 부흥과 독재정권 유지에 사활을 걸면서 중공업 시대의 산업기술 현대화에 적극적이었다. 경영인 출신 이명박은 훨씬 더 테크 주도적일 것이라 예상했는데 '토건'과 '사업'에 집중하다 보니 상대적으로 테크 지향성은 떨어졌다. 박근혜는 공학도 출신임에도 불구하고 역사 문제와 박정희 명예회복에 매몰되고 비선에 휘둘리다 보니 특별히 테크 리더십을 발휘하지 못했다. 앞서 살펴본 김대중·노무현의 실사구시적 테크 리더십에 비해서 문재인 정부는 검찰개혁, 남북평화, 코로나 위기 극복 등의 이슈들에 집중해왔다. 그런 한편 뉴테크 산업의 육성을 강도 높게 주문했다. 코로나 위기, 세계 경제 판도의 대변혁, 일자리 위기, 에너지 위기, 기후 위기 속에서 바이오·디지털·에너지 분야의 대응 과제가 절박해졌기 때문일 것이다.

한 걸음 더 내딛어야 할 때다. 이 시대 리더가 갖춰야 할 최고 덕목 중 하나라면 단연 뉴테크 리더십이다. 시대 변혁의 근저에는 신기술이 절대적으로 작용하기 때문이다. 경제 운영과 산업 구조를 바꾸고, 기후 위기와 에너지 문제를 다스리고, 팬데믹 상황에서 국민 건강을 지키고, 국방력을 높여서 평화를 유지하는 데 이르기까지 뉴테크의 영향력은 지대하다. IT·AI·바이오·기계공학·빅데이터·CT 등 디지털 경제를 일취월장 발전시키는 뉴테크는 경제산업 전반을 재편하고 있다. 소비문화 패턴과 유통 구조를 변화시키고, 건강과 교육과 놀이의 개념을 바꾸고, 행정 시스템을 고치고, 심지어 정치적 소통과 의사결정 방식에도 놀라운 변화를 가져오고 있다. 코로나 팬데믹이 불러온 비대면 사회라는 전무후무한 상황 속에서, 그동안 등장이 예고되었던 '플랫폼 경제, 빅데이터 산업, 인공지능 컨트롤, 바이오 제어, 디지털 소통 혁신, 4차 산업혁명' 체제로 발 빠르게 진입하고 있는 것이다.

역사상 그러했듯이 뉴테크의 등장은 언제나 기회와 위험을 동반한다. 뉴테크 리더십의 요체는 기회를 최대한 활용하되 리스크를 최대한 줄이는 데 있다. 어떤 리더십이 필요할까? 민간의 뉴테크 리더십은 상대적으로 목표가 단순하다. 수요를 내다보고 신기술을 활용해 새로운 상품과 서비스를 개발하되 비즈니스 모델을 세워서 시장을 개척하고 수익을 올리는 것이다. 즉 민간 기업 본연의 목적이다. 의식 있는 뉴테크 민간 리더라면 수익을 창출하는 과정에서 지구환경 보호, 에너지 저사용, 공정무역, 착한 소비, 윤리 경영, 이익 공유, 공익 기여, 시민 편의 등 공공 어젠더까지 끌어안을 것이다. 전기차, 태양광, 이산화탄소 포집 등 탈탄소 산업기술, 각종 스마트 앱, 리사이클링 포장재 기술, 공정무역 브랜딩 등 최근 주목을 끄는 아이템들은 공익을 높이는 비즈니스 모델이 가능하다는 신호라는 점에서 무척 긍정적이다.

관건은 뉴테크 공공 리더십이다. 이것은 민간 리더십보다 훨씬 더 복합적인 속성을 띤다. 제대로 주문하고 지원하고 촉진하는 동시에 제대로 견제하는 역할 또한 필요하기 때문이다. 풀어서 말하자면, 공공 리더십은 뉴테크를 전략적으로 선별해서 R&D를 지원하고, 스타트업과 벤처를 지원할 수 있는 공공발주 등을 통해 기업화·상용화·보편화를 촉진하고, 해외 마케팅으로 시장 개척을 지원하는 등 민간 활동을 적극 독려해야 한다. 동시에 공공 리더십은 적절한 방식으로 특정 기업의 독점을 방지하고 지나친 이익 점유를 견제해야 한다. 그렇게 해야 건강한 경쟁 풍토에서 새로운 혁신을 촉진할 수 있기 때문이다.

혁신을 촉진하는 일과, 동시에 지나친 독점을 견제하는 일 사이에 균형을 잡기란 결코 쉽지 않다. 하지만 대기업들이 24시간 스토어, 음식점, 제과점, 레스토랑 체인 등 온갖 문어발 사업을 확장함으로써 동네 시장을 교란하고 거리의 돈을 다 쓸어가는 게 기업의 경쟁력에 결코 도움이 되지 않는다는 사실을 경험에서 배워야 한다. 모바일 시대에 웹과 앱을 활용한 새로운 비즈니스 모델을 통해 최근 급부상한 플랫폼 기업들이 각종 소비 시장으로 진출하며 골목 상권까지 흐트러뜨리는 사례를 보게 된다. 이러한 경우에 공공 리더십이 균형을 잡는 역할이 절대적으로 필요하다.

*

　무한 개척의 장, 무한 혁신의 장, 무한 경쟁의 장에서 기회를 늘리고 위험을 줄이는 뉴테크 공공 리더는 어떤 덕목을 가져야 할까?

　첫째, 뉴테크 마인드는 필수다. 사실 즐길 수 있으면 더 좋다. 막연한 거부감이나 저항감이나 두려움에 사로잡히지 말고, 마음을 열고 온 몸으로 즐겨보는 것이다. 새로운 기술이 여는 미래에 귀를 열고 눈을 뜨자. 세상을 변화시킬 수 있는 가능성을 포착하고, 그 변화가 우리의 삶에 어떤 영향을 미칠지 다각적으로 생각해보자. 누구에게 도움이 될지, 누가 좋아할지, 어떤 시장을 열

수 있을지, 사회적 이슈와 글로벌 트렌드에 어떻게 부합할지, 공공성 및 공정성과 어떻게 균형을 이룰지, 성장과 분배에 어떤 영향을 끼칠지 꿰뚫어보는 자세가 필요하다.

둘째, 뉴테크 상상력까지 더 갖춘다면 최고다. 바로 인문적 상상력 + 기술적 상상력 + 소셜 디자인적 상상력이 결합된 것을 말한다. 뉴테크가 올드테크(전통적 중공업·제조업 기술 등)와 획기적으로 다른 특성이라면, 인간과 통하는 인터페이스(interface) 접점이 긴요하고, 그만큼 인간의 몸과 생리와 심리를 이해하는 휴먼 엔지니어링(human engineering)의 측면이 강하다. 그래서 체험 친화적이고 소통 친화적이라는 점이다. 이것은 디지털 경제의 속성이기도 하다. 그만큼 사람의 마음을 이해하고 상상력을 키우는 안목이 필요하다.

셋째, 뉴테크 리더가 스스로 기술 전문가일 필요는 없지만 공공 부문에서 이공계 출신 리더들이 더 많아져야 한다. 중국만 하더라도 이공계 출신들이 공공 리더로 발탁되고 맹활약하는 데 우리 사회는 그렇지 못하다. 나는 이공계 출신으로서 항상 의문을 갖고 있다. 왜 이공계 출신은 주로 경제, 산업, 전문 서비스 등 민간 부문에 머무르는가? 왜 공공 리더로 진출하지 못하는가? 왜 최고 의사결정자가 되지 못하는가? 이공계 훈련을 갖춘 인물이 소통 능력과 경영 능력, 인문적 상상력과 예술적 상상력까지 발휘한다면, 우리 사회의 합리성과 진취성은 훨씬 더 발전할 수 있을 것이다.

*

　뉴테크 공공 리더십이 성장하려면 우리 사회의 뿌리 깊은 사농공상 가치관을 뛰어넘어야 한다. 이 책의 제1부에서 21대 국회 초반부에 내가 '어쩌다 법사위 위원'으로서 나름 미션을 가지고 활동할 수 있었던 이유 중 하나가 '상상력과 창조력이 부족한 법조인들이 권력 운용에 가깝다는 이유로 우리 사회를 좌지우지하는 것에 대한 평소의 비판의식' 때문이라고 썼는데, 이 비판은 여전히 유효하다. 알게 모르게 사회심리와 시스템 운용에 영향을 미치는 이 관념을 떨쳐내야 한다.

　사농공상은 농업 중심의 경제와 중앙집권 왕권 시대의 가치관일 뿐이다. 글로벌 시대이자 복합경제 시대이고 민주주의 개방 시대에는 어울리지 않는다. '사'(士)가 아니라 '공상'(工商) 감각이 훨씬 중요하고, '농'(農)에도 공상 감각이 바탕이 되어야 하는 시대다. 사법시험 통과한 '사'(士)자를 마치 선비처럼 여기는 계급의식이 없어져야 한다. 무엇보다 '사'에도 공상 감각이 스며들어야 한다. 사법부나 검찰이 과연 최첨단 디지털 기술의 속성을 이해하는지, 시장을 교란하는 상행위를 분석할 역량이 있는지 의심스러운 적이 한두 번이 아니었기 때문이다. 자신들의 이너

238

서클과 기득권에 안존하는 사법부와 검찰이 시대에 뒤떨어지지 않도록 해야 한다.

문과와 이과를 나누는 것도 지금 시대에는 너무 낡은 생각이다. 우리 사회의 더 큰 발전을 가로막는 '칸막이'를 해체하고 변화의 트렌드에 따라 기술과 인문, 기술과 예술, 인문과 과학을 넘나들 수 있어야 한다. 그런 점에서 우리 교육이 아주 어릴 때부터 학생들에게 테크 마인드, 상상력, 창조력, 표현력, 소통력, 리더십을 길러주어야 한다. 이것이 바로 실사구시의 태도다. 기술 개발은 기술자에게 맡기고, 시장은 기업인들에게 맡기고, 행정은 공무원에게 맡기고, 정치는 정치인들에게 맡기고 하는 식의 구분된 시각으로는 이 시대가 요구하는 리더십을 발휘할 수 없다.

뉴테크 리더십을 제대로 세우려면 우리 사회에 법조계·언론계·인문계·행정계가 구축해놓은 기득권 체제를 창조적으로 파괴해야 한다. 그렇게 할 용기가 있을까? 그 과제에 도전할 수 있을까? 이제 도전해야 한다.

더 큰 우리를 위한 따뜻한 분노
• 에필로그

> "사람이 되어야 합니다.
> 따뜻한 사람이 되어야 합니다.
> 나와 가까운 우리에게만이 아니라
> 넓은 우리에게 따뜻한 사람이어야 합니다.
> 따뜻한 사람은 분노가 있는 사람입니다."
> • 노무현

노무현 대통령이 남긴 많은 어록 가운데 나는 위의 말을 무척 좋아한다. 정치적 메시지가 아닌지라 상대적으로 덜 알려져 있는데, 자전거 타는 모습이 찍혀 있는 주황색 손수건에 이 말이 적혀 있다.

'따뜻한 사람은 분노가 있는 사람'이라는 말을 들으면 적이 안심되지 않는가? 가슴속에 분노 한 가닥 지니지 않은 사람은 없을 테니, '아, 나도 따뜻한 사람이구나!' 할 수 있을지 모른다. 다만 중요한 단서가 있다. '나와 가까운 우리'에게만이 아니라 '더 넓은 우리'를 위한 분노가 있는 사람이 따뜻하다.

분노는 누구나 느끼는 보편적인 감정이다. 우리 사회는 '한(恨)이 쌓였다'라는 표현을 많이 쓰는데 그도 그럴 것이 과거 신분사회, 차별사회, 불평등 사회에서 혹독한 억압을 받았고, 일제 강점기의 수탈과 분단의 아픔과 독재 권위주의 시대의 탄압을 견뎠으니 사회적으로도 개인적으로도 한이 쌓일 수밖에 없는 구조였다. 과거의 사회 구조적 문제는 상당히 완화되었지만 지금은 또 다른 문제로 진화하고 있다. 양극화와 불평등, 'ㅂ자 돌림병', 노동 경시, 지역 차별, 젠더 차별, 세대 차별 등의 문제들이 분노를 일으킨다. 개인적으로 분노가 쌓이면 한이 되고, 한이 쌓이면 마음의 병이 깊어진다. 개인적인 분노는 더 큰 우리를 위한 분노로 전환되어야 마땅하다. 더 큰 우리를 위한 따뜻한 분노는 변화의 동력이 되고, 무엇보다도 개인적 분노에서 빚어지는 부정적 에너지를 줄이고 더 큰 우리를 위한 긍정적 에너지를 만들어낼 수 있기 때문이다.

개인적 분노는 자칫 자학과 가학의 부정적 기운을 만들 수 있다. 그러나 더 큰 우리를 위한 공적 분노는 나눔과 연대의 긍정적 기운을 만들어낸다. 나 자신만, 내 가족만, 내 친구만, 내 측근만, 내 고향 사람만, 내 동창만 챙기는 혈연·지연·학연 중심으로 이기적 계산만 하는 사람들은 더 큰 우리를 위한 분노가 결핍되어 있다. 나보다 혜택을 덜 받은 사람, 경쟁의 덫에 갇힌 사람들, 소외된 사람들, 힘들게 일하는 사람들, 아픔과 결핍을 지닌 사람들 등 더 큰 우리를 생각할 때 따뜻한 분노를 가슴에 담을 수 있다.

개인적 분노가 아니라 더 큰 우리를 위한 분노로, 적대적 분노가 아니라 대승적 분노로, 부정적 분노가 아니라 긍정적 분노로, 사익적 분노가 아니라 공익적 분노로, 탐욕적 분노가 아니라 연대하는 분노로, 보복적 분노가 아니라 포용하는 분노로, 바로 이것이 가슴을 따뜻하게 만드는 분노다. 더 좋은 변화를 일으키기 위한 동력을 만들어내는 분노다. 더 좋은 세상을 만들기 위해 아무리 작은 돌이라도 하나 더 얹어서 튼튼한 탑을 쌓으려는 분노다.

더 큰 우리를 위해 분노하는 따뜻한 사람이 되어보자. 그 대승적 분노를 변화를 일으키는 긍정적 에너지로 만들어보자. 이것이 실사구시의 힘이다. 구시하는 시각과 실사하는 역량으로 실사구시의 힘을 발휘하자. 상식의 힘으로 세상을 바라보고 긍정의 기운으로 세상을 바꿔보자!

With Common Sense: Positive Energy Changes the World
By Kim Jinai
Published Hangilsa Publishing Co. Ltd., Korea, 2022.

김진애 상식의 힘
긍정의 기운으로 세상을 바꾼다

지은이 김진애
펴낸이 김언호

펴낸곳 (주)도서출판 한길사
등록 1976년 12월 24일 제74호
주소 10881 경기도 파주시 광인사길 37
홈페이지 www.hangilsa.co.kr
전자우편 hangilsa@hangilsa.co.kr
전화 031-955-2000 **팩스** 031-955-2005

부사장 박관순 **총괄이사** 김서영 **관리이사** 곽명호
영업이사 이경호 **경영이사** 김관영 **편집주간** 백은숙
편집 박희진 노유연 김지수 최현경 강성욱 이한민 김영길
관리 이주환 문주상 이희문 원선아 이진아 **마케팅** 정아린
디자인 창포 031-955-2097
인쇄 예림 **제본** 예림바인딩

제1판 제1쇄 2022년 1월 18일

값 16,000원
ISBN 978-89-356-6890-8 03300

• 잘못 만들어진 책은 구입하신 서점에서 바꿔드립니다.